ELOGIOS PARA *JODIDAMENTE RIC*

"Este libro es la biblia sobre e

—ANDREA CROWDER

"No hay vía más clara sobre el dinero que Amanda Frances".

—DANIELLE BIGBY

"Este no es solo un libro, sino un recurso que literalmente cambiará tu perspectiva sobre el dinero".

—CHELSEA NEWMAN

"Este libro es increíble, con varias frases citables y pensamientos con los que identificarnos. Gracias por seguir adelante, Amanda. Es un regalo inmenso. Lo terminé y ahora me siento llena de amor propio, aceptación e inspiración".

—ADRIANNA ARIAS

"No quería que terminara".

—KAYLA RAE

"Sin mencionar el dinero sorpresa que recibí por correo y los pagos inesperados en mi negocio que aparecieron de la nada, quiero concentrarme en decirles esto: COMPREN ESTE LIBRO. Amanda les enseñará a desbordar de abundancia. ¿Qué tienen que perder?"

—LIZ BROUSSEAU

"Las enseñanzas de Amanda valen su peso en oro. Sus enseñanzas prácticas pero espirituales los convertirán en adictos a la manifestación y la creación de riqueza. Esta era la pieza que faltaba para escalar mi negocio y reparar mi relación con el dinero. Te estaré eternamente agradecida, Amanda. Has cambiado por completo mi forma de ver y sentir el dinero. La vida nunca ha sido tan abundante".

—CARLY ANNA

"Solo deberías leer esto si quieres atraer más dinero a tu vida".

—SHAUNNA LEE

"Desde que encontré esta obra de Amanda, pagué más de US$90 000 en deudas de tarjetas de crédito y creé una reserva de más de US$150 000, ¡todo en unos pocos años! Como era de esperar, este libro es increíblemente poderoso. Durante la tarea del Capítulo 2, escribí que quería aparecer en Forbes. Mi primer libro apareció en su lista de lo mejor de 2019 tres días después".

—MEGAN SADD

"Este libro es EL oráculo para ganar dinero. Todas las mujeres deben leerlo. Olvídense de cualquier otro libro de manifestación de riqueza o dinero; este libro es todo lo que necesitarán. Después de leer los primeros tres capítulos, £5000 prácticamente cayeron del cielo para mí y han continuado apareciendo desde entonces. ¡La tarea al final de cada capítulo realmente nos ayuda a profundizar en nuestras creencias sobre el dinero y hacer el cambio!"

—LEANNE MACDONALD

"Este libro es fenomenal. Gracias por ser un verdadero faro de amor propio y aceptación que ilumina el camino de los demás".

—LAURIE FRANCIS

"Empecé a leer Jodidamente rica e inmediatamente obtuve cuatro nuevos clientes, creando mi mejor mes hasta ahora y contratos mensuales de entre US$20 000 y US$30 000 para los siguientes tres meses. Y acabo de recibir un cheque de la nada por US$30 000 por correo de un tío con el que no he hablado en diez años. ¡Estoy repasando religiosamente los ejercicios de tu diario del libro y haciendo las tareas diarias recomendadas del Capítulo 4!"

—ANÓNIMO

"Leí el primer capítulo y dormí bien por primera vez en semanas. Sueños de dinero de alta vibración". —DAWN PETERSON

"Me siento más inspirada después de leer las palabras de Amanda, y más segura de que lo que pensamos sobre el dinero es muy importante".

—EMILY KING

"Estoy tan energizada y feliz desde que conocí a Amanda Frances. Todos los días, mi energía en torno al dinero mejora y mejora. Mi vida no para de mejorar y atraigo más y más dinero TODO EL TIEMPO, en cantidades cada vez mayores. Muchas gracias por ayudarme a cambiar mis paradigmas en torno al dinero. Definitivamente cambió las reglas del juego en mi vida".

—BUMI TULLY

"Nadie lo explica como lo hace Amanda. Este libro es asombroso. Es el trabajo de sanación que necesita nuestro planeta. Amanda está haciendo mucha curación generacional en el ámbito del dinero. Ella es tan real y vulnerable. Verdaderamente un regalo. Gracias por compartir la magia".

—SONIA GODFREY

"Jodidamente rica me ha mostrado un nuevo sistema de creencias y una nueva forma de ser en el mundo. Mis pensamientos y convicciones ahora están en consonancia con lo que quiero. Hablo más sobre mis deseos y rara vez identifico los retos porque mi mente siempre está cambiando. Si sucede algo desafiante o que pareciera ser una mierda, puedo encontrar fácilmente un razonamiento superior de Dios en apoyo a mi crecimiento. Nunca he estado tan confiada, optimista, segura y lista para más. Mucho amor por Jodidamente rica y las magníficas preguntas del diario de Amanda. Gracias. Gracias. Gracias".

—DIANA MITCHELL

"Es un libro increíble. No puedo esperar para leerlo una y otra vez. Muchas gracias por tu regalo. Voy a seguir adelante y construyendo mi sueño".

—AMY HYDE

"Me encanta este libro. ¡Resuena tanto y me entusiasma demasiado!"

—MISHELLE BEE

"Los capítulos me dejaron boquiabierta. Tengo una sensación tan clara de cómo será vivir mi sueño".

—TYRA WEITMAN-SOET

"¡Acabo de leer el último capítulo de este increíble libro! Sé que traerá mucha claridad e inspiración a todos los que lo lean".

—TARA CALLAHAN

"Este libro es poderoso, hermoso, honesto, repleto de amor y mucha comprensión. Amo esta obra. ¡Me encanta la forma en que decidiste ser tú, escribirlo, crearlo y entregarlo!"

—SARAH ANN

"Fenomenal, Amanda. Qué divino que agregaras secciones sobre las lecciones importantes que surgieron este año, con la PANDEMIA (y la mentalidad de dinero) y la inclusión (y la mentalidad de dinero). Me alegro mucho por ti, corazón. ¡Y feliz por nosotros, y por todos los que van a ser servidos con tu ofrenda!"

—VICKY AUF DER MAUER

"¡Jodidamente rica es un libro muy esclarecedor! Prepárate para repensar toda tu vida".

—RAINE BOYD

"El primer capítulo fue VIDA. Ya puedo SENTIR lo BUENO que será este libro".

—ALYSA NÚÑEZ

"Este libro es lo que necesitaba. Grandes descubrimientos".

—KAYSE BLAIR

# JODIDAMENTE RICA

## TANTO DINERO QUE NO SABRÁS QUÉ HACER CON ÉL

AMANDA FRANCES

Amanda Frances Inc.
LOS ANGELES, CALIFORNIA

DESCARGO DE RESPONSABILIDAD: La información contenida en este libro tiene fines educativos y de entretenimiento únicamente. Este libro no pretende reemplazar el asesoramiento legal, médico, psicológico, contable o financiero de un profesional. La autora y las editoras no ofrecen asesoramiento sobre servicios profesionales. Además, este libro no pretende servir como base para tomar ninguna decisión financiera o comercial. Debe solicitar los servicios de un profesional competente, especialmente si necesita asistencia experta para su situación específica.

Las historias de éxito y los resultados compartidos no son típicos y no garantizan resultados o desempeño a futuro. Aunque la autora y las editoras se han esforzado al máximo al preparar este libro, no garantizan ni representan la exactitud o integridad de la información contenida en el mismo.

Ni la autora ni las editoras asumirán ninguna responsabilidad por sus acciones, y específicamente renuncian a cualquier responsabilidad, pérdida, riesgo o cualquier daño físico, psicológico, emocional, financiero o comercial, personal o de otro tipo, en el que se incurra como consecuencia, directa o indirecta-mente, del uso y aplicación de cualquiera de los contenidos de este libro.

DERECHOS DE AUTOR © 2020 POR AMANDA FRANCES INC. Todos los derechos reservados. Ninguna parte de esta publicación puede ser reproducida, distribuida o transmitida de ninguna forma ni por ningún medio, incluidas fotocopias, grabaciones u otros métodos electrónicos o mecánicos, sin el permiso previo por escrito de la autora o editora, excepto en el caso de citas breves incluidas en reseñas críticas y otros usos específicos no comerciales permitidos por la ley de derechos de autor. Para solicitudes de permiso, envíe un correo electrónico a assistant@amandafrances.com.

Amanda Frances Inc. www.amandafrances.com

Edición de contenido: Stephanie Gunning, Cara Lockwood y Rebecca Caccavo.
Producción del libro: Stephanie Gunning
Diseño de portada: Brynna Nicole
Fotografía de portada: Wendy Yalom

Número de control de la Biblioteca del Congreso 2020924679

Rich as F*ck / Amanda Frances —1era edición.

ISBN 978-1-7353751-7-5 (versión física)
ISBN 978-1-7353751-6-8 (ebook kindle)

*A mi hermana pequeña, Andrea.*

*No podía no dedicar mi primer libro oficial a ti también. Te amo.*

# CONTENIDO

|  |  |  |
|---|---|---|
|  | *Prólogo de Cara Alwill* | xi |
|  | *Introducción* | xv |
| UNO | La energía del dinero | 1 |
| DOS | Deja de esperar a dios (o a un hombre o a tu próximo cliente) | 16 |
| TRES | No existe tal cosa como un ingreso fijo | 49 |
| CUATRO | Qué hacer cuando parece que no está funcionando | 83 |
| CINCO | Dinero en circulación | 108 |
| SEIS | Siéntete cómoda con el dinero en efectivo | 126 |
| SIETE | La deuda no es el diablo y el ahorro es AF caliente | 145 |
| OCHO | Prácticas patrimoniales de siguiente nivel | 163 |
| NUEVE | Mentiras y estándares en los negocios | 177 |
| DIEZ | Ser una persona rica + Ser una buena persona | 211 |
| ONCE | Jodidamente rica | 228 |
|  | *Agradecimientos* | 248 |
|  | *Citas* | 252 |
|  | *Recursos* | 254 |
|  | *Sobre la autora* | 258 |

# PRÓLOGO

Cuando tu amiga y compañera empresaria gana millones de dólares al año haciendo lo que ama bajo sus propias condiciones, la escuchas, aprendes de ella y la compartes con todos tus conocidos. Es por eso que no podría estar más emocionada de que este libro esté ahora en tus manos.

Tengo un recuerdo vívido de la primera vez que Amanda y yo nos conocimos en persona. No estoy segura de quién nos presentó o cómo, pero habíamos estado orbitando en los universos de la otra durante algún tiempo antes de sentarnos a tomar un café y tener una conversación real. Era un día húmedo a finales del verano en la ciudad de Nueva York; esos días en los que el aire está pesado, la vida parece que va más lenta y la brisa espesa de un tren subterráneo sucio que pasa zumbando da una sensación de lujo. Me dirigía a una clase de SoulCycle en el centro de Brooklyn, y Amanda y yo habíamos hecho planes para encontrarnos en Le Pain Quotidien mientras ella estaba en la ciudad para tomar un refrigerio por la tarde y un par de cafés con leche.

Fue en esa cálida tarde de verano que Amanda me contó que estaba escribiendo un libro. Como autora, estaba encantada de que ella llevara su mensaje "a la calle" y pusiera su corazón y experiencia a disposición y a lo grande. Seamos realistas: Amanda es cara. Sus cursos cuestan unos miles de dólares, y su programa privado es el costo del pago inicial de una casa pequeña, y ella vale cada centavo y más. Pero el hecho de que ahora esté haciendo que AMANDA FRANCES misma y su conocimiento sean accesibles a millones de personas más a través de este libro es la evidencia de su dedicación por ver a *todas* prosperar

Años después de ese día en que Amanda me compartió sus planes de escribir este libro, me encontré escribiendo el prólogo. En ese tiempo, la he visto evolucionar hasta convertirse en una fuerza a tener en cuenta. No quiere decir que antes no lo fuera, pero ha elevado su negocio a un nivel que se expande mucho más allá de lo que he visto en el mundo estándar del coaching en línea. Si la has seguido durante algún tiempo, sabes exactamente de lo que estoy hablando.

A Amanda Frances le importa un carajo. Ella hace lo que dice y se preocupa profunda y genuinamente por ver a otras mujeres tener éxito, y es más que generosa con su contenido, su sabiduría y su energía, y yo lo sé. No solo he seguido su trabajo durante años, sino que hemos cultivado una amistad con el tiempo. También hice sus cursos e implementé sus estrategias con gran éxito en mi propia vida.

Ahora entiendo por qué le tomó algunos años terminar este libro: el universo tenía planes más grandes para todos nosotros. La vida tenía que alinearse de tal manera que este libro fuera más necesario ahora que *nunca*. Estamos en territorio nuevo. El juego ha cambiado. Las oportunidades son ilimitadas y ahora tienes acceso a la mejor maestra posible para guiarte a través del proceso de ser, hacer y recibir todo lo que deseas.

## JODIDAMENTE RICA

Como emprendedora que también cree en apoyar con valentía y generosidad a otras mujeres colegas, recientemente invité a Amanda a ser parte de mi podcast, *Style Your Mind*. Ella dijo algo que me dio escalofríos: "El conocimiento divino implica que las mujeres con recursos pueden hacer cosas increíbles en este mundo. El dinero amplifica a las personas".

Todas las mujeres estamos destinadas a ser ricas. Independientemente de nuestros antecedentes, nuestro pasado, nuestra raza, nuestros errores, nuestra educación, el estado actual de nuestra cuenta bancaria o nuestros padres. Estamos destinadas a tener un impacto en cualquier manera que nos ilumine. Estamos destinadas a experimentar una profunda sensación de libertad, darnos a nosotras mismas y a quienes amamos lo que queramos, y más. Y hasta que controlemos nuestra mentalidad sobre el dinero y sepamos exactamente cómo reclamar esa riqueza, permaneceremos estancadas. Y no hay nada empoderador en estar estancadas.

Recomiendo abordar este libro con la mente y el corazón abiertos. Las filosofías de Amanda en torno al dinero son *radicales, espirituales y poderosas*. Desde comprender que el dinero es ilimitado hasta sanar tus creencias pasadas y despejar el camino para que puedas dar un salto cuántico hacia la próxima versión más abundante de ti misma. Amanda no es cualquier otra experta en dinero.

Pero ella es la única que importa en este momento.

Es hora de dejar el miedo, la culpa y otras historias de mierda que conocemos sobre ganar y recibir dinero. El dinero nos ayuda a llegar más lejos, a ser más y a hacer más. El dinero nos ayuda a cambiar el mundo. Punto. Punto final.

Si tienes sentimientos negativos con el dinero, si tus creencias acerca de lo que puedes tener, ganar y ahorrar necesitan cambiar, si precisas modificar tu energía en torno al dinero, entonces has llegado al lugar correcto.

Como dice Amanda: "Recuerda: la vida está destinada a ser buena". Es hora de dejar de luchar, nena. Es hora de ser jodidamente rica.

—Cara Alwill,
autora de bestsellers, coach de éxito y
presentadora del podcast *Style Your Mind*

# INTRODUCCIÓN

Hubo un momento de mi vida en el que podría haberte dicho cómo colarte en cada piscina de cada hotel de lujo en Dallas, Texas.

Me había vuelto bastante eficiente en eso.

Mi estrategia era la siguiente: me ponía el traje de baño debajo de mi ropa, le decía al *valet* que me dirigía al spa, y caminaba directamente al ascensor. Entraba al área de la piscina detrás de alguien que tenía una llave. En lugar de cargar mi guacamole y vodka a mi habitación, le decía al chico de la piscina que lo cargue en mi tarjeta. ¡Voila!

¿Por qué querría hacer todo este esfuerzo para pasar el rato en la piscina de un hotel donde no era una huésped? Llegaremos a eso en breve.

En una tarde soleada, estaba tomando notas en mi diario, bronceándome y disfrutando un refrigerio en la piscina de una terraza en una zona acomodada de Dallas, conocida como "Uptown".

Este día en particular tenía un poco de magia.

Los rascacielos brillaban a mi alrededor; la piscina era un oasis glamoroso en medio del calor de la ciudad en agosto. Mi guacamole estaba fresco. Las personas que observé en este hotel de alta gama retrataban cómo debía ser mi vida.

Las posibilidades eran infinitas.

Acababa de terminar una sesión increíble con un cliente de coaching de vida. Era un trabajo que amaba, pero sentí que se avecinaba un cambio, que estaba al borde de una nueva etapa personal y empresarial, pero aún no sabía exactamente lo que eso significaba.

Dos años antes, terminé mi maestría en ciencias en consejería (tenía cientos de miles de dólares en deudas de préstamos estudiantiles para probarlo).

Tres años antes, me había mudado a Dallas con un auto destartalado, un teléfono defectuoso y un presupuesto mensual de US$625 para alquilar un apartamento.

No mucho antes de eso, renté un dormitorio después de huir de un culto religioso en medio de la noche. Sí, *de veras*... (pero esa es una historia para mi próximo libro).

Para pagar mis estudios, trabajé como niñera para varias familias mientras servía cócteles y compraba divisas en Buffalo Exchange, al mismo tiempo que pedía préstamos estudiantiles solo para que todo se pudiera dar.

Para este día de agosto, había dejado varios de mis trabajos y finalmente llegué al punto de mantenerme con mi negocio, que era mi bebé: pasé muchas noches estudiando redes sociales y marketing digital, enseñándome a mí misma a construir mi primer sitio web y creando contenido en línea. Incluso colgué volantes en todos los Starbucks de mi área todos los días durante meses y meses. Aunque me tomó algunos años aprender a conseguir clientes, me sentía tan realizada de que mi negocio ahora sea mi trabajo de tiempo completo.

Había recorrido un largo camino. Y mientras disfrutaba del ambiente lujoso de la terraza, en realidad no era una huésped del hotel. Verás, un resort de cinco estrellas ciertamente no era algo en lo que hubiera gastado dinero en ese momento. Te hubiera dicho que "no podía pagarlo", una frase completamente extinta de mi vocabulario ahora, pero no por las razones que podrías pensar.

Mirando hacia atrás, me queda claro que lo que creía que podía y no podía pagar tenía poco que ver con la cantidad de dinero en mi cuenta bancaria, la cantidad de deuda de tarjeta de crédito que tenía, el hecho de que mi negocio tenía tan solo unos pocos años (aunque me iba bien y me podía mantener, *todavía* no ganaba millones).

Más que nada, mis ideas sobre lo que podía y no podía hacer procedían de mis creencias sobre quién era yo, de dónde venía y hacia dónde iba.

Yo no era alguien que se hospedaba en hoteles de esa gama; simplemente no encajaba en mis ideas de lo que era posible para mí.

Y aunque no hubiera pagado una habitación en ese hotel, tuve el buen sentido de ubicarme en ambientes, vecindarios, escuelas y círculos que me recordaron, me educaron y me mostraron que la riqueza estaba ahí afuera, y yo sentía profundamente que estaba destinada a tenerla.

Esto me lleva a la razón por la que me colé en la piscina del hotel ese caluroso día de verano.

Sabía que estaba hecha para ambientes opulentos, así que me había acostumbrado a meterme en ellos. Todavía no había estudiado la vibración o la frecuencia, que es algo de lo que hablaremos más adelante, pero intuitivamente sabía que si quería crear una vida para mí en la que lo mejor de lo mejor fuera un estándar, tenía que practicar para alcanzarlo y empezar a sentirme cómoda con eso.

Lentamente, con el tiempo, me había permitido deshacerme de los sistemas de creencias, la lógica y las restricciones a las que estaba acostumbrada. Estos paradigmas se habían convertido en parte de mi identidad a través de mi familia, las ideas sociales y la cultura del pequeño pueblo en el que me crié, y gracias a eso supe comportarme como alguien que no podía permitirse tener ciertas cosas (como por ejemplo, dinero).

Cuando entraba en contacto con alguien que había nacido o había creado las circunstancias financieras que yo deseaba, prestaba atención a cómo gastaban el dinero, cómo hablaban y qué creían sobre él. Más que nada, permití que su vida, su carrera y su cuenta bancaria fueran un indicador de una posibilidad que estaba disponible para mí, sin importar cuán fuera de mi alcance o muy diferente de mi realidad actual pareciera su vida.

Te animo a considerar este enfoque a medida que avanzas en este libro. Deja de lado de dónde vienes, lo que te han dicho que es posible para alguien como tú, tus sentimientos hacia aquellos que lo han tenido más fácil, lo que tu familia podría pensar y tus nociones de lo que es la limitación en general.

Considera la idea de que las posibilidades para tu vida, tu riqueza y tu abundancia son mayores de lo que te has permitido imaginar. Debes estar dispuesto a abrir tu mente, tu corazón y tu comprensión a una nueva forma de pensar y comportarte con el dinero. *Deja que las historias de este libro sean un ejemplo de lo que es posible para ti.*

Bueno, volviendo a ese día soleado en la piscina de la terraza... escribía en mi diario los pasos a seguir en mi negocio, a quién más quería ayudar y cuáles eran mis intereses.

Quería servir a tantas personas como fuera posible y hacer una gran diferencia en sus vidas. Pensaba en lo que crearía la mayor transformación en mi vida. La respuesta obvia: *el dinero*.

Siempre sentí que el dinero era limitado, más fácil de obtener para cualquiera menos para mí y, básicamente, lo consideraba un gran misterio. Poco a poco, estaba aprendiendo a generar más y comenzaba a "manifestar" intencionalmente sin comprender realmente cómo funcionaba todo. Sabía que había algo más, algo que no entendía, algo que anhelaba comprender por completo.

En la cúspide de la inspiración, escribí esta oración:

*Enséñame a ganar y recibir dinero, y prometo enseñar a las mujeres de todo el mundo a hacer lo mismo.*

El asunto con esa oración es que. . . la dije en serio.

Y durante muchos días, semanas y meses, e incluso años desde entonces (y en verdad durante muchos años antes de que supiera rezar esta oración), me encontré transitando un viaje para liberar mis ideas y percepciones limitantes sobre el dinero y sanar mi experiencia pasada y mi relación con él. Formé nuevos patrones y dinámicas en las que opero con respecto al dinero, creando nuevas conductas en apoyo a mí y a mis deseos. En pocas palabras, me he convertido en una *mujer rica*, que enseña todo lo que sabe a cientos de miles de mujeres en todo el mundo, en cumplimiento de esa promesa, lo que oré en la piscina aquel día.

Vivo, respiro y enseño esta promesa. Entre mis cursos digitales, paquetes de capacitación, meditaciones, videos de YouTube, episodios de podcasts, publicaciones en redes sociales, artículos para publicaciones como Forbes y Business Insider, blogs y boletines por correo electrónico, he creado miles y miles de piezas de contenido que reflejan mi deseo e intención de empoderar a las mujeres en torno al dinero. Se ha convertido en mi misión y propósito.

En resumen, *estoy aquí para poner dinero en manos de mujeres de buen corazón que están aquí para cambiar el mundo.*

Ya que has elegido este libro, creo que eres tú.

Así que, hola, soy Amanda Frances. Empresaria, mentora de negocios y líder en el empoderamiento financiero de las mujeres. Soy la única dueña de una empresa multimillonaria de coaching y educación en línea con usuarios en 99 países y clientes en 85 países.

*Y estoy aquí para cambiar tu vida.*

En este libro, combino mi experiencia en el ministerio religioso y la asesoría en salud mental, con consejos prácticos y un profundo conocimiento de los principios espirituales y energéticos para ayudarte a sanar tu relación y experiencias pasadas con el dinero y formar una realidad financiera y una forma de ser completamente nuevas.

## JODIDAMENTE RICA

Tengo la sensación de que mis métodos y enseñanzas no son como los de cualquier "coach financiero" o experto en finanzas que hayas conocido antes, pero dejaré que tú misma te des cuenta.

Entonces, tómate tu tiempo. Una página a la vez. Considera los conceptos, marina los métodos, reflexiona sobre las posibilidades. Juega con lo que estoy presentando aquí.

Fíjate en lo que resuena para ti, lo que crea un sentimiento expansivo, lo que te irrita, lo que te hace cuestionar todo y lo que sientes verdadero sobre la vida, el dinero y el mundo en lo más profundo de tu alma.

Integra las formas de pensar y ser con las que te sientas bien o sientas que sean correctas para ti en tu vida a medida que avanzas.

Ten en cuenta que cada capítulo se basa en el anterior, pero siéntete libre de omitir algo si no te dice nada.

Puedes leer un capítulo o una sección varias veces si es necesario. Y retoma el libro cuando lo necesites.

En cuanto a los temas para escribir en tu diario y las tareas que se encuentran al final de cada capítulo, considera profundizar en lo que sucede debajo de la superficie.

Confía en ti misma, en el proceso, y cree.

*Tú puedes. Te quiero mucho. Estoy muy feliz de que estés aquí.*

# UNO

........................................

# LA ENERGÍA DEL DINERO

La gente a menudo tiene problemas para decir exactamente en qué son expertos.

Yo no.

Soy una experta en la energía y la frecuencia del dinero. Entiendo profundamente cómo convertir-nos en un paralelo energético para el dinero, atraer más dinero a nuestras vidas y transformar completamente nuestra relación con él.

Y para ser aún más clara: *entiendo cómo funciona el dinero*.

Está bien si la última oración te hizo voltear los ojos, sacudir la cabeza o decir algo malo. No tengo que convencerte de nada sobre mí. Solo tengo que lograr que prestes atención el tiempo suficiente para que comiences a ver algunas cosas de otra manera.

Lo que quiero decir cuando digo que entiendo cómo funciona todo este asunto del dinero es que comprendo por qué lo tienes y por qué no, y por qué no puedes mantenerlo. Conozco la razón por la que tu deuda regresa después de que la pagas, o por qué estás recibiendo aumentos o no, o la razón por la que aparece una factura inesperada para quitarte tus ahorros, etc. Por esto, sé cómo ayudarte a crear una relación completamente diferente con el dinero para que puedas tener una experiencia totalmente nueva con él.

No tienes que temer abrir cuentas, sentirte culpable por tu deuda o vergüenza por errores financieros pasados, tener miedo de que se te acabe el dinero o sentir esa sutil duda que dice que nunca podrás crear una realidad financiera con la que te sientas a gusto.

No importa cómo haya sido hasta ahora, ni la experiencia de tus padres, ni tu ciudad de origen y crianza, ni si alguien que conoces perdió dinero en algún momento. Es indistinto para quién trabajas, la industria en la que te mueves, o qué cosas tristes o aterradoras te han enseñado sobre las personas que tienen dinero.

Estos son factores reales que han contribuido a tu identidad y realidad actuales, y te enseñarán parte del trabajo interno y externo que harás en torno al dinero. Sin embargo, ciertamente no tienen la última palabra en tu éxito financiero, en tu realidad a futuro y lo que crearás a partir de aquí. No importa qué barreras, obstáculos y paradas sean reales para ti, *lo más importante en este momento es que te abras a una nueva forma de ver, pensar y creer cuando se trata de dinero.*

Gracias a mi relación y comprensión del dinero, me convertí en millonaria a los 31 años y en multimillonaria a los 32, todo en base a mi propio esfuerzo.

## JODIDAMENTE RICA

Los ingresos mensuales de mi empresa continúan aumentando mes a mes y año tras año, independientemente de la economía, los acontecimientos mundiales o el ruido y las especulaciones externas.

En medio de una pandemia mundial, Amanda Frances Incorporated (AFI) ha recibido un promedio de US$440 000 en efectivo cada mes, y alcanzó un récord mensual de US$586 000 en mayo de 2020. Estoy en camino a generar más de US$5 millones este año (que es un 37 % más que en 2019 y un 81 % más en comparación con el año 2018).

Si bien soy una empresaria que crea programas de capacitación en línea para ayudar a las personas a iniciar y hacer crecer sus negocios, he visto que los conceptos y principios que comparto en este libro funcionan una y otra vez para miles de personas en distintos entornos, industrias y circunstancias.

La energía del dinero no se limita a un trabajo. Independientemente de dónde vengas o cómo recibas o no dinero actualmente, tienes que saber que tu experiencia puede expandirse, transformarse y revolucionarse por completo.

Al dinero no le importa cómo te ves, de dónde vienes o cómo sientes que el mundo debería tratarte o no. El dinero solo responde a tu vibración y tus pensamientos, tus sentimientos y tus patrones hacia él.

Entonces, ¿cómo llegué hasta aquí?

## Mis antecedentes

Los llevaré mentalmente a Sand Springs, Oklahoma, donde nací en una familia de clase media baja. No éramos pobres, pero tampoco éramos ricos.

Había un parque de casas rodantes a 1,6 km de mi casa. Del otro lado, a la misma distancia, había un vecindario de casas de cinco habitaciones.

Siempre me ha fascinado el concepto de dinero. Cuando era niña, prestaba atención a los padres adinerados de mis "amigos ricos" y a cómo estos adultos se comportaban financieramente. Tomaba nota de sus gastos, de cómo hablaban sobre el dinero y del aprecio innato que parecían sentir en torno al dinero. Sus hijos (mis amigos) a menudo parecían no valorar su ropa, sus juguetes y sus refrigerios de *Lunchables*.

Ese no era mi caso. En nuestra casa, hacíamos nuestra propia versión de esa comida preparada cortando rebanadas de mortadela y queso cheddar *Kraft* en cuadrados, metiéndolos en un recipiente de plástico reutilizado con la marca genérica equivalente a las galletas Ritz.

Recuerdo haber aprendido que las cajas de jugo costaban mucho más que el *Kool-Aid*, que era preferible que mi hermana, mi mamá y yo compartiéramos el agua de la bañera y que dejar una luz encendida en una habitación en la que no estabas era un pecado imperdonable. Mi mamá era conocida por decir con frecuencia: "Todo suma". La factura de la luz no era algo con lo que ella estuviera dispuesta a lidiar. Los temores en torno al dinero se podían sentir todo el día, todos los días. Era palpable.

Dicho esto, siempre había comida en la mesa. Mi papá trabajó en la misma empresa durante 37 años. Nunca me preocupé por pasar hambre; usaba ropa de la tienda de segunda mano y de Walmart.

Estoy totalmente convencida de que lo pasé mejor que muchas otras personas. Siempre tuve cierto nivel de privilegio financiero. También gozo del privilegio de ser blanca, por lo que probablemente enfrenté menos obstáculos que muchos de nuestros hermanos y hermanas de color para moverme por el mundo.

Soy una niña blanca nacida de padres que todavía están casados, que se preocuparon por mí y que eligieron vivir en un pueblo pequeño y seguro en Oklahoma. Mi mamá limpiaba casas y mi papá trabajaba como árbitro todas las tardes y los fines de semana (además de su trabajo habitual) para que todo funcionara. Honro todo lo que hicieron para ofrecerme una vida estable.

También sé que *nada* acerca de mi origen suma a la vida que he creado.

Nadie financió mi negocio o educación, y nadie me tomó bajo su ala y me mostró el camino. Lo que tengo hoy es en gran parte el resultado de mi determinación de crear y mantener un estado interno, junto con acciones externas que respaldan mi decisión de crecer en mi riqueza y abundancia.

Mis historias de éxito favoritas son aquellas en las que el resultado deseado debería haber sido imposible de lograr, pero ocurrió de todos modos; creo que podría poner mi vida en esta categoría.

Unos cinco años después de comenzar mi negocio, acuñé la frase *alcanzadora de objetivos poco realistas* para describir a personas como yo, ya que el crecimiento y el alcance continuo y rápido de mi empresa no tenían precedentes. En la actualidad, AFI es una marca multimillonaria que genera constantemente más de siete cifras cada trimestre.

*Todo esto, creo, me convierte en alguien idóneo para escribir este libro.*

Es mi intención que este libro te ayude a crear una alianza confiable y placentera con el dinero y ponga patas arriba cualquier pensamiento, creencia, patrón, forma de ser y hábito que no te ayude a tener todo lo que deseas.

Cuando era niña, me enseñaron a gastar siempre lo menos posible, a recortar todo lo que pudiera y a aceptar las restricciones.

El problema es que la *restricción puede parecerse mucho a la responsabilidad.*

Ahora, por supuesto, mis padres y muchas otras personas de clase media hicieron lo mejor que podían cuando intentaron restringir el gasto para poder ahorrar, o simplemente para tener lo suficiente para sobrevivir. Pero al final de este libro, sabrás y comprenderás que muchas de las cosas "inteligentes" que nos enseñan a hacer o no hacer con el dinero son las mismas cosas que nos mantienen atrapados en ciclos financieros dolorosos que parecen imposibles de romper.

También entenderás que todo tiene una frecuencia, y que puedes alterar intencional-mente la frecuencia de un pensamiento o acción para que te ayude a generar el resultado deseado

## La energía del dinero

Cuando era niña, al observar a los padres de mis amigos que tenían dinero, no podía evitar darme cuenta de que había algo muy diferente en ellos. Había una energía única para aquellos que "no tenían que preocuparse por el dinero" y se sentía muy diferente a lo que vivía en mi casa.

Hoy entiendo y *vivo en* esta energía.

Verás, la energía de restricción y carencia es fundamentalmente opuesta al sentimiento de libertad y abundancia.

En la mesa, mis padres a menudo hablaban de personas que "tenían tanto dinero que no sabían qué hacer con él", una frase que se quedó grabada en mi mente. Hace mucho tiempo decidí convertirme en una persona que tenga tanto dinero que no sabía qué hacer con él.

El primer mes que me pagué a mí misma, le pagué a mi equipo, aboné el saldo de las tarjetas de crédito de mi empresa, el saldo de mis tarjetas de crédito personales, reservé el dinero para las facturas del próximo mes, compré, gasté, comí, viajé, doné todo lo que quería, y aun así puse US$100 000 en mi cuenta de ahorros personal para el mes. . . supe que lo había logrado.

Y pude lograr esto (y mucho más) innumerables veces desde entonces.

Crecí en un hogar empapado por el temor de nunca tener suficiente dinero, de terminar sin hogar o de caer en la ruina financiera.

Hoy, continuamente siento un *desborde* (y cuando me refiero a un desborde, simplemente hago referencia a tener dinero sobrante. Después de cumplir con todas las obligaciones financieras y todos los deseos financieros por un período de tiempo, me queda dinero).

Actualmente soy dueña de una casa de US$3,5 millones, ubicada justo entre Beverly Hills y West Hollywood, además de otras dos propiedades de inversión.

Hoy en día, soy considerada una líder sobre el empoderamiento financiero de las mujeres.

Hoy, el dinero jamás es nunca una razón por la que digo "no" a un deseo.

Como verás, no guardo secretos cuando se trata de explicar a los demás mis procesos en torno a mi crecimiento financiero. Es la misión de mi alma y el propósito de mi vida empoderar a las mujeres para que superen todo lo que las ha frenado para que puedan diseñar activamente una vida en la que tengan lo que deseen cuando se trata de ganar, generar y recibir dinero.

Esto es lo que más me gusta hacer y enseñar en el mundo.

No solo soy buena en este trabajo: soy una experta. No repito estas cosas por diversión. Vivo este trabajo y lo encarno a diario. Es la razón por la que estoy viva.

## JODIDAMENTE RICA

Trabajo los principios de este libro como si fueran mi empleo de tiempo completo. Y a medida que te sumerjas en estas enseñanzas, te encontrarás pensando, relacionándote y sintiéndote diferente y manifestando más dinero.

Comencemos.

Si estás familiarizada con la industria del desarrollo personal (comúnmente conocida como *autoayuda*), es posible que sepas que hay muchas personas que proclaman que el dinero es energía, que recibir un pago es solo un intercambio energético y que te recuerdan que debes tener la máxima "alta vibra" posible en relación con el dinero. A primera vista, podría parecer que su trabajo se parece mucho al mío.

Si bien algunas de estas enseñanzas comúnmente compartidas son verdaderas, la gran mayoría son clichés repetidos por personas que en realidad no saben lo que significan. En los círculos espirituales, los conceptos financieros a menudo se comparten en formas que carecen de comprensión o profundidad. Nuestra relación con el dinero está compuesta por muchas capas que, además de tu nivel para comprenderlas, tienen mucho que ver con la razón por la que tienes dinero o no.

En este libro, prometo sólo compartir lo que revolucionará y transformará tu relación y experiencia con el dinero, y no perderás tu tiempo con tonterías durante el proceso. Nos centraremos únicamente en lo que generará el mayor cambio.

Quiero ayudarte a crear una transformación financiera en tu vida, tan rápida y fácilmente como sea posible.

Para hacer esto, hay algunas cosas que necesito que sepas.

Empecemos. Esta es la primera lección del primer capítulo (así que presta atención).

## Todo es energía y todo *tiene energía*

La energía con la que haces una cosa determina el resultado obtenido. Es decir, la intención, la expectativa y la emoción con la que haces algo tiene más que ver con el resultado de esa acción de lo que te has permitido darte cuenta.

Eres capaz de encarnar varias energías.

Lo que piensas, lo que sientes, las palabras que dices y las formas en que te mueves crean una energía dentro de ti.

La energía se crea a través de las` emociones.

La energía se crea a través de las palabras.

La energía se crea a través de la visualización o la imaginación.

La energía se crea sosteniendo una intención.

Cuando eliges pensar, sentir, decir ciertas palabras, y te mueves de maneras que provocan un sentimiento dentro de ti, comienzas a vibrar en esa frecuencia, y al vibrar en esa frecuencia, la atraes.

Todo tiene una frecuencia.

El dinero tiene una frecuencia.

A medida que vibres en la frecuencia de mayores ingresos de dinero, más fácilmente crearás esa realidad.

## JODIDAMENTE RICA

Llegarán las oportunidades de recibir dinero, además de los ingresos inesperados, y verás el dinero que ya tienes de manera muy diferente.

Cuando se trata de las cosas "inteligentes" que nos enseñan a hacer con el dinero, nadie nos dice que elegir no gastarlo por el deseo de honrar nuestro dinero y amarnos a nosotras mismas, y elegir no gastar dinero por temor a que acabe te sitúa en dos estados energéticos muy diferentes.

No es porque uno tenga razón y el otro no, o que uno sea bueno y el otro malo, sino porque los pensamientos y sentimientos que experimentas cuando tomas la decisión de no gastar dinero pueden crear realidades muy diferentes.

Una de las cosas en las que he sido una experta, que he estado experimentando y aprendiendo durante mucho tiempo, tiene que ver con la personificación de la vibración del dinero.

Sé cómo se siente el dinero. Sé cómo entrar en el estado energético de recibirlo, tenerlo, invertirlo y esperar recibir más y más dinero como estándar predeterminado de mi existencia.

(En el próximo capítulo profundizaré en cómo el dinero solo responde a tu energía; no depende de si eres buena o mala o en si estás o no en lo correcto).

Antes de continuar, necesito que sepas que muchas de mis creencias sobre el dinero son un poco controversiales. No soy la típica educadora de empoderamiento financiero:

- No creo que las ganancias tengan que fluctuar drásticamente. Una vez que eres es un paralelo energético para un cierto rango de ingresos, no tienen que subir y bajar de ahí en adelante. Puedes elegir que permanezca igual que el valor predeterminado o que suba de manera continua (muchos empresarios luchan contra esto.)

- No creo que tengamos que elegir entre gastar y ahorrar. Creo en tener más ingresos extra (y en sentimientos tan profundos de que vales mucho y mereces apoyo) y que hay más que suficiente para ahorrar, gastar y regalar algo.
- No creo que la deuda sea mala; es solo una vibración. Es la opción de pagar algo con el tiempo, pero también sé que podemos eliminarla, darnos cuenta de que somos dignos de las cosas en las que gastamos dinero. Podemos dejar de ser correspondidas a la deuda, y ya no estar disponibles para ella.
- Y creo que hubo momentos en el pasado en los que gastar dinero que técnicamente no tenía me sirvió profundamente.

Profundizaré en las energías de la abundancia, la riqueza, el ahorro, la inversión, el gasto y la eliminación de deudas a lo largo de este libro, y haré todo lo posible para ayudarte a cambiar tu realidad financiera, tal como lo he hecho con las miles de mujeres que se han inscrito en mi curso digital sobre el dinero (una mención especial a las expertas de Money Mentality Makeover) y con mis clientes privados (muchos de los cuales se ha convertido en millonarios), y como lo logré conmigo misma.

## JODIDAMENTE RICA

Hoy amo el dinero y confío en él. Sé que la forma en que el dinero me responde está determinada en gran medida por la forma en la que yo respondo a él, y sé que puedo crear en cualquier realidad financiera que elija.

Soy consciente de que existen muchas dinámicas y paradigmas para la abundancia financiera (la energía de *más que suficiente*), al igual que muchas dinámicas y paradigmas para la escasez (o la energía de *nunca es suficiente*).

Sé que todo está disponible, y además soy experta en sintonizar y atraer desde un estado de "más que suficiente".

Al final de cada capítulo, te daré indicaciones para escribir o una tarea para ayudarte a acceder y personificar las energías que te ayudarán a generar dinero y crear riqueza. Estas indicaciones también te permitirán identificar y eliminar pensamientos, creencias, patrones y sentimientos que no te ayudan a recibir lo que deseas.

Como ex terapeuta que ha capacitado a mujeres durante una década, y como creadora de cursos digitales que han apoyado a miles de mujeres y las tareas que incluyo aquí, creo profundamente en tu capacidad para acceder a una magnitud de sabiduría, información y orientación que vive dentro de ti a través de este tipo de trabajo interior guiado.

Te animo a que escribas libremente en tu diario o en tu computadora lo que te surja (todos y cada uno de tus pensamientos, emociones, frustraciones, etc.) con cada pregunta hasta que experimentes una sensación de finalización o no tengas nada más que expresar, decir o liberar.

## TAREA

Empecemos. Es hora de profundizar: abre tu diario y escribe libremente.

*Nota:* Puedes responder las siguientes preguntas en relación con el dinero, pero también acerca de cualquier otra cosa que tengas en mente. Lo más importante aquí es que aprendas a liberar espacio. Cuando evitamos los pensamientos desagradables e ignoramos los miedos que tenemos en nuestra mente, estos tienden a hacerse más fuertes en un esfuerzo por llamar nuestra atención. A medida que aprendemos a mirar y procesar esto, liberamos espacio. Después podemos usarlo, intencionalmente, para dirigir nuestros pensamientos, emociones y la energía subsiguiente hacia la creación de nuestros deseos.

- ¿A qué le temes?
- ¿Qué historias o recuerdos realmente te molestan?
- ¿Qué no te has perdonado?
- ¿Qué no has perdonado a alguien más?
- ¿Hay algo de lo que te sientas avergonzada?
- ¿Qué te gustaría poder cambiar?

Debajo de eso, por favor escribe esto y dilo en voz alta con convicción e intención:

ESTOY LISTA, ABIERTA Y DISPUESTA A VER LAS COSAS DE MANERA DIFERENTE.

## JODIDAMENTE RICA

AHORA ESTOY DISPUESTA A TENER UN CAMBIO EN MI PERCEPCIÓN EN TORNO A MI DINERO Y CUALQUIER OTRA ÁREA QUE NECESITE TRANSFORMACIÓN.

ESTOY DISPONIBLE PARA VER PATRONES, CERRAR PUERTAS, REORDENAR PARADIGMAS Y ENTRAR A UNA NUEVA EXPERIENCIA CON EL DINERO.

Continuemos:
- ¿Cómo te gustaría sentir tu experiencia con el dinero a partir de ahora? (No te preocupes si tu deseo parece poco realista)
- Si todo dependiera de ti, ¿qué estaría ocurriendo en tu experiencia con el dinero?
- Si todo fuera posible, ¿cómo elegirías que el dinero trabajara automáticamente para ti?
- Si estuvieras diseñando una nueva realidad, ¿qué más estaría pasando entre ti y el dinero?

Por ahora, no hay nada que necesites hacer con esta información más que permitir que aumente tu conciencia y la comprensión de tus deseos, tus esperanzas y tus miedos.

## DOS

........................................

# DEJA DE ESPERAR A DIOS (O A UN HOMBRE O A TU PRÓXIMO CLIENTE)

Las mujeres espirituales a menudo creen que si Dios quisiera que tuvieran algo, simplemente se los daría. Es casi como decir que si eres una persona buena y amorosa durante un período de tiempo lo suficientemente largo, obtendrás entonces algún tipo de golpe de suerte milagroso y "Dios" o el destino te otorgarán dinero.

Tengo que decirte la verdad: *Eres más poderosa que eso*.

Yo, personalmente, creo en Dios. Tengo una relación con "algo más grande" que es una parte muy importante de mi vida.

También sé que *Dios puso el poder de crear dentro de nosotras*.

A lo largo de este libro, siéntete libre de sustituir cualquier término que funcione para ti por la palabra Dios. Algunas personas prefieren la palabra *fuente, vida, luz, amor, inteligencia infinita, fuerzas cósmicas*, etcétera. No importa cómo lo llames, pero es útil que hagas las paces con él, dejes de culparlo y aprendas a trabajar con él (esto puede implicar un trabajo interno adicional si tienes dolor o emociones no procesadas en torno a Dios o la religión. Como una niña del Cinturón de la Biblia en Estados Unidos, trabajar y sanar el trauma religioso que he experimentado me *sirvió profundamente*).

Ya tenemos el poder de reorganizar nuestras vidas y nuestras realidades financieras en nuestro interior. No tenemos que "esperar" a Dios, casarnos con un esposo rico, o firmar un contrato con un nuevo cliente para pagar una gran factura, o para cualquier otra cosa que puedas imaginar que resolverá tus problemas. Tampoco tenemos que creer en Dios de manera formal, casual o de ninguna manera específica. En lugar de eso, debemos activar nuestro poder cocreativo divino.

Ahora vivo una vida increíble. Soy dueña de dos propiedades de inversión en mi estado natal. Y como mencioné en el capítulo anterior, actualmente estoy remodelando una casa de varios millones de dólares en un barrio muy codiciado de Los Ángeles. Soy dueña de mi propia empresa. Conduzco los autos de mis sueños (sí, más de uno). Tengo amigos increíbles. Me encanta mi equipo de trabajo y apoyo. También estoy enamorada de un hombre realmente increíble.

He manifestado... mucho.

*Y todos los días de mi vida, analizo y trabajo en mis ideas limitantes sobre lo que puedo hacer, crear, tener y convertirme en esta vida.*

## JODIDAMENTE RICA

El trabajo no se ha detenido. Simplemente estoy más familiarizada con lo que hay que hacer.

En este capítulo te enseño cuál es ese trabajo.

La razón por la que te di las preguntas de tarea del capítulo 1 en las que tienes que reconocer y liberar el pasado, tener claro lo que quieres y estar muy dispuesta a ver y hacer las cosas de manera diferente es porque TU ESTÁS A CARGO DEL FUNCIONAMIENTO DE TU VIDA.

Nada de lo que tengo es porque soy especial, y nada de esto fue accidental. Diseñé esta vida, día a día, a propósito.

*Y tú, amiga mía, también eres muy capaz de crear tu realidad ideal.*

Seamos claros: lo que elijas crear a partir de aquí no está definido por tus errores financieros pasados, el monto de tu deuda o la cantidad de dinero que tienes en tu cuenta bancaria.

Desde un sentido metafísico, el pasado ni siquiera es real. Sólo vive en nuestras mentes (y, a veces, como un trauma en nuestros cuerpos).

El pasado solo importa hasta el punto en que decidimos que importe.

Puede mostrarnos el contraste entre la vida que tenemos y la vida para la que estamos destinados. Puede enseñarnos, alimentarnos, motivarnos, inspirarnos y ayudarnos a identificar quiénes queremos ser y quiénes no, pero no tiene por qué definirnos.

A medida que trabajamos, procesamos, recategorizamos y asignamos un nuevo significado a nuestros recuerdos y experiencias pasadas, podemos liberarlos.

El pasado solo tiene el poder que tú le das. Además, esas cosas son tremendamente insignificantes debido a esta verdad: *Tú eres digna. Eres digna porque lo eres.*

Puedes crear una vida hermosa, simplemente porque sí. No hay nada que probar, y no hay nadie a quien impresionar. Tú eres suficiente. Y cada aspecto de tu vida se vuelve mucho más fácil cuando dejas de dudar, cuestionarte y castigarte, y aceptas esa verdad.

*No eres perfecta, pero eres intrínsecamente suficiente.*

Puedes elegir enfocarte en el crecimiento; puedes elegir mejorar tu vida y a ti misma todos los días. Tienes la oportunidad de elegir cambiar cualquier forma de ser que te haya mantenido en patrones que no te sirven.

Puedes romper el molde, desafiar las probabilidades, sacarle un dedo a la duda que vive dentro de ti y diseñar tu puta vida.

Entiendo que puede que no te parezca posible.

Hubo un momento en mi vida en el que muchas personas (incluso aquellas que me amaban mucho) no esperaban que yo alcanzara mis sueños.

Hubo muchos años de mi vida en los que si me hubieras visto, no habrías imaginado lo que venía. No habrías sentido de lo que era capaz o lo que era posible para mí.

Habrías visto a una chica buscando las respuestas fuera de sí misma. Habrías visto a alguien abandonarse a sí misma (en un momento a la religión dogmática y en otro a un programa de doctorado tremendamente extenuante que odiaba) mientras trabajaba en diferentes lugares, en trabajos sin futuro y otros muy mal pagados. Veías a alguien que no lograba la grandeza en nada de lo que hacía y, si lo lograba por momentos, era fugaz.

Parecía y sentía que probablemente viviría una vida mediocre y medianamente plena.

Pero no lo hice.

Este trabajo ha permitido que me transforme completamente, que me distancie completamente o sea lo suficientemente valiente como para escapar de las situaciones, estilos de vida y dinámicas que no funcionaban para mí.

Pero todo comienza conmigo. A medida que reorganizo mi vida, mis expectativas y estándares, modifico la forma en que pienso de mí misma, cómo funcionan la vida y el dinero para mí y cómo me responde la gente.

*He aprendido que puedes cambiar cualquier cosa si cambias la energía que le das.*

Al cambiar los pensamientos que tienes sobre eso en particular, las emociones que sientes y el poder que le das, puedes ajustar y reorganizar cualquier realidad. Los paradigmas, las construcciones y las historias sobre cómo les va a las personas como tú (que se basan en gran medida en cómo les ha ido hasta ahora) pueden cambiar en un momento. Puedes hacer estallar la energía y la dinámica de cualquier situación… y empezar de nuevo.

*Este* puede ser tu momento.

## La vida no preparó a la mayoría de nosotros para la vida que queremos tener

Antes de continuar, déjame decirte que reconozco que la vida no ha sido justa contigo. Sé que tus padres hicieron cosas de mierda, y también sé que no siempre sentiste amor de la manera que necesitabas. Puede que hayas sentido miedo de estar sola, de ser abandonada, de vivir sin nada, de no encajar, de ser diferente, de ser ruidosa, de terminar en la calle o de no alcanzar tu potencial, entre muchas otras cosas.

Muy posiblemente la vida, hasta ahora, no haya sido justa contigo. Las circunstancias, los antecedentes y las limitaciones que tuviste que superar fueron reales. Pero el poder que tenían sobre ti, se originó en ti.

*Tú te* identificaste con ellos. *Tú te* suscribiste a ellos. *Tú* no podías ver más allá de ellos.

Eso no significa que tuviste la opción de que te sucedieran o no, así como tampoco implica que estuvo bien, o que fue tu culpa. Quiero dejar eso muy en claro.

Siempre hubo, y siempre habrá, una manera de escapar del mundo, de la vida, de las energías y de las formas de ser en las que te sientes atrapada actualmente. Todos quedamos atrapados en ciclos y patrones de cómo las cosas "siempre" nos salen, pero podemos romper estos ciclos. Es hora de avanzar en la redefinición de quién eres, qué representas y cómo ahora la vida puede llegar a funcionar para ti.

Ahora mismo podemos caminar hacia algo diferente. Nosotras *tenemos* más poder del que nos damos cuenta.

## JODIDAMENTE RICA

*Podemos* determinar lo que sucede a partir de aquí. Nosotras *estamos* en control de lo que aceptamos y lo que no aceptamos en la vida., *determinamos* lo que creamos a través de nuestras palabras, nuestras emociones, nuestra energía, nuestras decisiones, nuestras elecciones y nuestras acciones. Por supuesto.

Y aunque la aplicación de estos principios puede transformar cualquier cosa, creo que, para muchas de nosotras, nuestras realidades financieras son un área en la que a menudo nos quedamos atascadas. Hemos creído en ideas restrictivas que perpetúan ciclos de limitación y que crearon realidades que ni siquiera quisimos elegir. Es hora de desatascarse.

Este libro se trata de eso, sustancialmente.

*Para volverme jodidamente rica, tuve que reorganizar muchas de mis ideas sobre mi ciudad de origen, mi familia y cómo las cosas no estaban preparadas para beneficiar a personas como yo.*

Fui testigo de las vidas tan aparentemente diferentes de mis compañeros de clase, quienes tenían fondos para la pagar la universidad, cuyos padres pagaban sus cuentas, cuyos seres queridos estaban en condiciones de apoyar sus sueños y metas, que se sentían comprendidos por quienes los rodeaban y que parecían tener las cosas más fáciles que yo.... Mientras, yo me pagaba la escuela, tenía varios trabajos, sacaba préstamos estudiantiles, constantemente hacía un trabajo de curación interna, acumulaba deudas de tarjetas de crédito y resolvía toda la mierda por mi cuenta.

Tuve muchas oportunidades de verme a mí misma como una mujer de clase media baja que siempre estaba en aprietos, pero no permití que eso se convirtiera en mi identidad. Sabía que no podía seguir viéndome así.

Dicho esto, tuve más privilegios que otros. Soy una mujer blanca de la región central de los EE. UU. que buscaba completar su educación superior en uno de los países más ricos del mundo. No tenía barreras raciales que superar.

A pesar de todo lo que me convierte en mí misma (el pasado que tuve que aceptar, las ideas sobre mi identidad que no me sirvieron y todo lo que parecía estar en mi contra), también tenía alternativas, que incluían desde cómo me veía a mí misma, hacia dónde comencé a moverme y hasta cómo he mejorado progresivamente mi vida una y otra vez. Elecciones que han hecho toda la diferencia.

Me he convertido en una mujer que está dispuesta a tomar decisiones poderosas.

## Activar tu pode

Entonces, ¿cómo diablos eliges crear una nueva vida y un nuevo reino de posibilidades para ti?

*Tú lo decides*.

Sé que puede sonar demasiado simplista o molesto, o quizá quieras prender fuego mi libro, pero tu decisión tiene un poder enorme.

En realidad, no hay nada mayor que tu decisión energética e interna.

JODIDAMENTE RICA

Para que ocurra aquel tipo de decisión que mueve montañas de la que estoy hablando, primero deben suceder un par de cosas:
1. Tienes que decidir que eres digna de ello.
2. Tienes que decidir (y creer) que lo que quieres es posible.

**Esta es la parte del libro en la que debo enseñarte cómo cambiar de opinión.**

Entiendo que no te sientas digna. Entiendo que lo que quieres puede no parecer posible. Entiendo que a ti, como a mí, nos han enseñado a concentrarnos en lo que es realista, lógico, práctico y visiblemente posible.

Como alguien que vive una vida hermosa y completamente irreal, me siento obligada a decirte que TODO ESO ES UNA MENTIRA.

Si quieres una gran vida expansiva, con grandes resultados expansivos, es hora de renunciar a las metas que sean prácticas y lógicas. Es hora de pensar en grande y de tomar decisiones a lo grande para expandirte.

La forma lógica y práctica de ver mi vida, mis metas y mis deseos se volvió irrelevante para mí hace mucho, mucho tiempo. Francamente, nunca deseé un nivel de influencia, una cantidad de dinero o amplitud de impacto práctico o lógico. Nunca quise una vida práctica o realista.

Y a medida que te sinceres acerca de lo que realmente quieres, y aprendas a ignorar los miedos, las mentiras y las ideas limitantes que te retienen y te mantienen operando desde un pequeño lugar de victimización, es posible que descubras que deseas algo más grande en la vida también.

Lo que elijas tener no depende de mí. Es mi trabajo asegurarme de que, sin importar qué tipo de vida quieras, sepas cómo crearla.

## Cómo convertir cualquier cosa que desees en parte de la realidad física

¡Aquí vamos!

### Primer paso: Identificar lo que quieres

Sé que esto puede parecer confuso. Puede parecer que hay tantas opciones en la vida y simplemente no puedes elegir lo que realmente deseas.

Eso es probablemente falso.

La verdad: sabes lo que quieres y tienes miedo de admitirlo.

Una vez que lo admitas, estará ahí.

Una vez que lo admitas, serás responsable de ello.

Una vez que lo admitas, tendrás que ver por qué no te sientes digna de ello.

Cuando se trata de la vida: tu destino, tu futuro, tu vocación, tu vida amorosa y tu propósito son demasiado importantes como para seguir mintiéndote a ti misma.

Cuando se trata de dinero: tu cuenta bancaria, tu estabilidad financiera, tus recursos financieros, tu capacidad para mantenerte a ti misma, tu capacidad para generar y regenerar dinero, tu habilidad para confiar en ti misma con dinero, y tu aptitud para tener dinero, vivir según tus deseos y hacer las cosas que están en tu corazón, son demasiado importantes para seguir mintiéndote a ti misma.

Cuando se trata de amor: tu felicidad, tu corazón, tu conexión, tu familia, tu intimidad y tu orgasmo son demasiado importantes como para seguir mintiéndote a ti misma.

Entonces, mi amor, la primera pregunta que debes hacerte a la hora de elegir activar tu poder cocreativo y diseñar intencionalmente tu vida es: ¿*Qué diablos quieres, maldita?*

Esta es la pregunta más importante, aunque puede que no parezca la más segura o fácil de responder.

He descubierto que mucha gente tiene una relación súper jodida con el deseo. Nosotros pensamos: *"DIOS MÍO. Si hiciera lo que quisiera toda mi vida, solo comería papas fritas con sal y vinagre frente al televisor hasta que me muera".*

MENTIRA.

Eso no es lo que quieres, sino lo que puedes sentirte inclinada a hacer de vez en cuando en un día difícil cuando necesitas dejarte llevar, pero NO será lo que realmente quieres en lo más profundo de tu alma.

Cuando te pregunto qué quieres, estoy hablando del deseo más profundo de tu corazón.

Ahora, es posible que no tengas mucha práctica en analizar los deseos de tu corazón, así que te voy a hacer algunas preguntas para ayudarte.

La forma más rápida de llegar a tu alma y revelar la verdad de lo que *en realidad* quieres es reflexionar sobre estas cinco preguntas:

- Si nada de lo que quisiera fuera malo o incorrecto, ¿qué querría?
- Si hiciera lo que hiciera, nadie se enojaría conmigo, ¿qué querría?
- Si nada malo pasara, sin importar lo que hiciera, ¿qué querría?
- Si sucediera cualquier cosa que quisiera, ¿qué querría?
- Si pudiera confiar plenamente en mí misma para hacer lo que me corresponde, ¿qué querría?

A medida que comienzas a reflexionar sobre una vida en la que te guíen los deseos de tu corazón, quiero decirte esto: *No estás equivocada. Tus deseos no están mal. No hay nada malo contigo.*

No tiene nada de malo querer lo que deseas.

La mayoría de la gente no te dirá esto, pero... *tus deseos más sinceros son una guía segura.*

Dios no la cagó cuando te hizo o cuando te otorgó tus deseos.

En mi sistema de creencias, me han dado cada deseo de mi corazón para vivir en este planeta. Y si algo dice que no puedo tener lo que quiero, para mí es una gran mentira.

## Segundo paso: Observar lo que tus creencias limitantes dicen que no puedes tener

Entonces, sucede algo realmente grandioso y realmente incómodo después de que identificas lo que quieres: tu mente es bombardeada por todas las razones por las que no puedes tenerlo: las ideas sobre la realidad, las que dicen que no es posible, que no puedes manejarlo, que no eres digna de ello, etc.

Una de las razones por las que sigo siendo capaz de crear la vida que quiero es que sé que debo reevaluar cualquier cosa que diga que no puedo tener un deseo genuino en mi corazón. Debo cuestionarlo, y buscar el por qué de esa negación.

Este paso se aborda con el siguiente punto de vista: cualquier cosa que diga que no puedo tener lo que quiero es una mentira, y es mi trabajo desmentirlo.

Suelo hacer una lista de todas las ideas que indican que no puedo tener lo que quiero. Entonces me pregunto: "¿Esto es cierto en última instancia?"

En mi curso *Money Mentality Makeover* lo pregunto de esta manera: "¿Esta idea sobre ti y lo que puedes tener está escrita en piedra en alguna tierra sagrada? ¿Lo escribió Dios mismo en un pizarrón muy sagrado en el cielo?"

No. Es solo una idea. Es solo una idea a la que te estás suscribiendo. En última instancia, no es cierta, y ya no es esencial que pienses, actúes y te comportes de acuerdo a una mentira.

## *Refutar las mentiras*

Derribemos algunos mitos.
- **¿Es cierto que eres mala con el dinero?** No. Tu mamá te lo dijo y tú le creíste. Podrías sentarte ahora mismo y encontrar pruebas de lo contrario. Si no hay mucha evidencia disponible, entonces estoy

completamente convencida de que para cuando termines con este libro y comiences a confiar en ti, a confiar en la vida y a confiar en el dinero, habrá más evidencia de lo contrario a la vuelta de la esquina..

- **¿Es cierto que los ricos son codiciosos?** No. Viste a algún pendejo rico hacer algo sospechoso en las noticias y te confundiste, o tuviste una experiencia con alguien que tenía dinero y vivía con miedo de perderlo y era muy tacaño al respecto. O quizá conociste a alguien que tenía dinero y tampoco era ético (hay muchos pobres que tampoco lo son). Esta persona puede haber tenido dinero, pero eso no significa que utilizaba una dinámica para trabajar, usar y hacer circular el dinero al más alto nivel para dar y recibir.

Esto tampoco tiene nada que ver contigo.

Gracias a mi vasta experiencia, me ha quedado claro que las personas de buen corazón y bien intencionadas se manejan bien con el dinero. He estudiado mi comportamiento.

El dinero no me ha "cambiado" de ninguna manera negativa. Sin embargo, el dinero me ha dado el poder y los recursos para ampliar mi corazón y mis deseos. Tener dinero no solo afecta la forma en que compro o viajo, sino que también afecta cómo doy, cómo me preocupo, cómo dono y cómo apoyo. He podido ser generosa, ya que confío en mi capacidad de tener y generar dinero.

El dinero me permitió ayudar a mi hermana con los fondos necesarios para su divorcio, y salir de esa situación fue una gran ayuda para su vida. También me permitió donar a las víctimas del incendio de Malibú en 2019, regalar un monto de más de seis cifras a un grupo local de jóvenes, pagar la matrícula de un estudiante de medicina que lo necesitaba y financiar una campaña benéfica para niños en riesgo. Me ha permitido apoyar a varias organizaciones, campañas y grupos que hacen un buen trabajo en el mundo.

El dinero es una oración viva, una extensión de la buena voluntad, el amor y la fuerza para crear el tipo de mundo que quiero ver.

El dinero no es malo; el dinero es poder. Y necesitamos poner dinero en manos de personas de buen corazón que vivan con la intención de marcar una diferencia positiva en el mundo. A medida que eliges ganar, atraer y recibir más dinero, serás responsable de cómo lo ves y cómo lo usas.

Puedes confiar en ti misma para recibir y liberar dinero en función de tus pasiones, tus deseos y tus propósitos.

- **¿Es cierto que si ganas mucho dinero, todo se destinará a los impuestos de todos modos?** No.

    Sí, los impuestos son reales. Y sí, los pago. Debido al lugar donde vivo y la categoría impositiva en la que me encuentro, debo pagar muchos impuestos. Sin embargo, no me siento impotente en este intercambio. Sigo prefiriendo ganar dinero y pagar más impuestos que no ganar dinero y no pagarlos.

Tener dinero y disfrutar la vida que éste me da todavía vale la pena.

Elijo estar agradecida con el IRS cuando realizo esa transferencia bancaria. Estoy agradecida por las carreteras por las que conduzco. Agradezco al barrendero, al basurero, a la educación pública, al seguro social, a los centros comunitarios, a las iniciativas de salud pública y al cartero. Los impuestos pagan esos servicios y a esas personas. Y si bien puedo encontrar fallas en estos sistemas, y argumentar fácilmente cómo las cosas podrían manejarse de manera diferente o financiarse de acuerdo con mi ética y valores sociales, sigo estando agradecida por ellos. Agradezco la oportunidad de contribuir pagando mis impuestos.

*Los impuestos son parte del juego, y aun así preferiría ser rica.*

También tengo la intención de ser inteligente. Mientras pago los gastos comerciales, compro propiedades y hago donaciones, continuamente hago preguntas e investigo posibles cancelaciones, exenciones, deducciones y créditos fiscales, pero eso es porque elegí verme a mí misma como una mujer inteligente cuando se trata de dinero, no porque tenga algún tipo de crianza o haya recibido capacitación sobre cosas "inteligentes" que hacer con el dinero.

No tengo necesidad ni deseo de evadir impuestos. Simplemente me baso en mi código de ética personal en esta área. El resultado final es:

cuanto menos debo en impuestos, más dinero tengo disponible para donaciones personales, para contratar y pagar bien a mis empleados, para expandir el alcance de mi negocio y así poder servir a más personas y disfrutar de mi vida.

Ahondaremos sobre el ahorro y la inversión en los próximos capítulos, pero espero que estés comenzando a notar que la creación de riqueza comienza y termina contigo.

- **¿Es verdad que si ganas dinero algo malo pasará y este desaparecerá?** No.

    ¿Hay personas en este mundo que viven en la realidad anterior? Sí.

    ¿Era la única salida posible para ellos? No.

    En mi experiencia, las personas que perdieron dinero creían que era posible perder dinero, o querían perderlo. Les molestaba la vida, la responsabilidad, los compromisos o los vínculos por los que habían recibido dinero y querían salir de allí. Esto tampoco tiene nada que ver contigo.

    Aquí hay algo que necesito que entiendas: el dinero no tiene mente propia, solo te está respondiendo a ti. El dinero no tiene opinión sobre si eres lo suficientemente buena, si has hecho lo suficiente, si has trabajado lo suficiente o si eres digna de él.

    El dinero responde a tus pensamientos, tus sentimientos y tus creencias al respecto.

- **¿Es cierto que el dinero es la raíz de todos los males?** No. Hay personas en este planeta que usan el dinero para perpetuar ideas, actitudes y comportamientos malvados. Pero seamos claros: Jesús tenía un tesorero y la Madre Teresa volaba en un jet privado.

Al igual que tú y yo, necesitaban distintos recursos para realizar el trabajo para el que estaban destinados. *Una gran visión requiere grandes recursos.*

- **¿Es en última instancia cierto que la única forma de ganar dinero es trabajando duro?** No. Si el trabajo arduo realmente fuera igual al éxito financiero, los maestros y los camareros de los restaurantes serían los multimillonarios. Como dice el refrán: Trabaja más inteligentemente, no más duro.

El día que decidí que tomaría las riendas de mi futuro financiero fue un día muy importante para mí. Empecé a cambiar mi enfoque.

Si bien la cantidad de dólares que ganaba por hora como terapeuta y coach de vida era más alta que la tarifa promedio de dólares por hora, y mi floreciente negocio iba bien, me di cuenta de que siempre tendría un tope financiero si continuaba ganando dinero solo a través de algo que yo estaba haciendo activamente cada día.

Quería ayudar a más personas y ganar más dinero.

Hice algunos cambios importantes: comencé a concentrarme más en el resultado que quería y menos en el proceso. Empecé a crear programas y cursos que pudieran ayudar a más personas simultáneamente (que pudiera crearse una vez y venderse para siempre). Empecé a creer que un impacto increíble y un ingreso alocado eran posibles.

Como resultado, creé más influencia y dinero para mí y más éxito y libertad para los demás…. todo al mismo tiempo. Reorganicé por completo el modo en el que el dinero funcionaba para mí.

Para ser clara, no es que no trabaje duro (por Dios, ¡trabajo muy duro!), sino que he cambiado mi enfoque diario, por lo que mis esfuerzos son estratégicos e intencionales cada día. Simplemente dejé de esforzarme de más si no iba a alcanzar mis metas.

Como les dije recientemente a mis mentes maestras, "el agotamiento no es la vara para medir el éxito".

La verdad sobre el trabajo duro es: *La mayoría de las personas no se permiten pedir o recibir más dinero hasta que creen que han sufrido lo suficiente o han trabajado lo suficiente como para merecerlo.*

Lee eso de nuevo

- **¿Es cierto que no eres digna de recibir dinero y hay alguien por ahí que lo merece más?** No.

Las personas que entienden que tienen poder son las que cambian su realidad financiera. No puedes ser lo suficientemente pobre para ayudar a otro pobre a hacerse rico. Sin embargo, estarás en una mejor posición para ayudar a los demás si te haces rica (o más cómoda, o respaldada, o lo que desees).

Y tengo que preguntar, ¿por qué no tú?

Hay dinero circulando por el planeta todo el tiempo, moviéndose, que las personas gastan, le pagan a otros, y otros reciben.

¿Por qué no tú? ¿Y si tu vida, tu familia y tus anhelos fueran suficientes?

¿Qué pasaría si supieras que de veras eres... lo suficientemente *salvaje*, tanto interna como enteramente, para intentarlo?

Quiero que consideres que las cosas que te gustaría hacer con el dinero podrían valer la pena. Pueden ser razones lo suficientemente buenas porque las deseas (y como ya lo dijimos, tus deseos son una guía segura).

Te animo a integrar un sentido interno de consideración positiva incondicional hacia ti misma.

Recuerda que eres digna porque sí. Determina que tu realidad financiera cambiará. Tú estás a cargo y puedes romper las barreras en tu camino. Decide lo que quieres.

Al abrirte a la creencia de que el dinero puede llegar a ti solo porque es posible, y porque eres digna, cambias todo.

....................

Continuemos.

## *Tercer paso: Decidir cómo quieres que te vaya*

Ahora que sabes que todas las creencias limitantes que has tenido sobre el dinero son, en definitiva, grandes mentiras, decidamos cuál crees que es la verdad.

Todas las ideas que han estado dirigiendo tu vida son esencialmente opciones con las que nunca tuviste que lidiar pero que accidentalmente elegiste. Es por eso que nunca dependiste de tu empleador, ni de una bendición al azar, de un hombre rico o un nuevo cliente. Simplemente creías que esas eran las únicas formas en que podía llegar el dinero, pero éste llegó de la forma en que creías que podía, porque el dinero nunca se antepondrá a tu libre albedrío.

Recuerda, el dinero no tiene mente propia. Tú decides que el dinero llegue a ti, así como también decides qué tipo de hombres o parejas se acercan. También eres quién decide que los clientes, los aumentos de sueldo, las promociones, las ideas para ganar dinero, las oportunidades, así como todo tipo de cosas hermosas que aún no has considerado, aparecerán en tu vida.

No necesariamente porque digas: *"Recibiré un ascenso de diez mil dólares luego de mi examen anual"* sino porque haces un cambio interno. Porque te abres a una nueva idea. Empiezas a saber que estás respaldada por el dinero, o que estás siendo cada vez más respetada y valorada en tu trabajo, o que el dinero llegará de alguna manera. Quizá no sabes cómo, pero sabes que sucederá.

A medida que crees estas cosas, te presentas a la vida de manera diferente. Tus expectativas, estándares y metas cambian. Tú creas tu mundo activamente (un concepto que detallaré a medida que avancemos).

¿Lo entiendes? Estás rodeada de posibilidades ilimitadas para nuevas realidades financieras a tu alrededor.

Con eso en mente, ¿qué nuevas formas de vida (y de dinero siempre trabajando a tu favor) estás lista para elegir?

Como empresaria, puedes comenzar a decidir que los clientes ideales, aquellos que están listos para pagar por tus servicios en su totalidad, se están dirigiendo hacia ti ahora. Podrías decidir que te están encontrando, contactando contigo y apuntándose con facilidad.

Como mujer que domina la escalera corporativa, podrías decidir que tu jefe comience a reconocer tu valor, tus habilidades, tu voz o tu visión. Podrías decidir que las personas ideales se coloquen a tu alrededor para que te hagan crecer. Podrías identificar cuándo dejar ese lugar de trabajo, cuándo pedir un aumento o cómo crecer con la empresa en todas las formas que desees.

Como mujer exitosa soltera, que parece salir con personas que se sienten intimidadas por tu éxito o que no entienden tu estilo de vida, podrías comenzar a creer que continuamente te encuentras con personas interesantes y ricas, o que siempre conoces hombres que aman y se inspiran en tu éxito, así como cualquier nueva realidad que te parezca mejor que en la que te encuentras actualmente.

Este es un proceso continuo de crecimiento gradual. Las ideas limitantes seguirán surgiendo para desafiar las decisiones y declaraciones que hemos hecho. Cada persona tiene sus propias barreras y creencias que atravesar, pero debemos mantenernos comprometidas con nuestros deseos, aumentando nuestra fe en nosotras mismas y en lo divino, sabiendo que nuestro destino es vivir jodidamente a lo grande.

Es hora de saber que saldremos adelante a pesar de todo lo que hemos pasado e independientemente de todo lo que se interponga en nuestro camino.

Es hora de volvernos fortalecidas, seguras e inquebrantables en lo que elegimos ser, lo que sabemos que es verdad y en los resultados que más anhelamos.

Es hora de avanzar hacia nuestros más altos deseos, sueños y llamados, y no aceptar algo menos que eso.

El problema es que nos enseñan que sería codicioso o incorrecto querer cierto tipo de cliente ideal, pareja romántica, empleador, etc., ya que este deseo implica que somos desagradecidas... ¿pero realmente está mal? No. Es solo una elección. Y tu elección, cuando se activa con fe, es todo lo que hay.

¿Significa que eres desagradecida? No. Puedes estar jodidamente agradecida mientras decides que estás lista para otra cosa. Tienes esa opción.

Todas las opciones están a tu disposición, pero es tu responsabilidad comenzar a abrirte a ellas.

## Cuarto paso: Cambiar tu estado

Saber que existen posibilidades ilimitadas en torno al dinero y tu experiencia financiera, y que el dinero está llegando a ti, cambia tu estado energético. Te sientes, hablas y vibras diferente, y ves las cosas de otra manera.

Como dijimos en el Capítulo 1, todo es energía y todo tiene energía, creada por nuestros pensamientos, sentimientos, lo que imaginamos, y así sucesivamente. Por lo tanto, cuando te sientes mejor con el dinero, creas una nueva realidad con él.

No solo eres responsable de los pensamientos que tienes, sino también de aquellos que creas. En este momento, como ya hemos mencionado, tu cerebro te está mintiendo (para tratar de protegerte) todo el tiempo, y está creando formas para que el dinero actúe a tu favor, pero que no te sirven.

## Cambios rápidos que equivalen a grandes resultados

Reflexionemos sobre algunos grandes cambios energéticos que puedes comenzar a hacer desde ahora:
- Es posible que pagues facturas en agradecimiento (juega a estar agradecida por el agua que bebes, el calor que te quita el frío, el automóvil que ayuda a que te traslades, etc.)
- Es posible que aprecies el dinero que tienes. Si hay una cierta cantidad de dinero en tu cuenta, que te llega regularmente y sientes que puedes contar con eso.... es hora de sentir gratitud por eso.
- Es posible comenzar a anular el estado mental que te indica *"Nunca es suficiente"*. Es posible comenzar a reflexionar sobre la idea de que existe una realidad

para ti en la que el exceso y el desbordamiento son la norma (hablaremos sobre esto en breve.)
- Es posible pasar a un estado de gratitud de algún tipo, amor, alegría, emoción, deleite o sorpresa en torno al dinero todos los días. Puedes elegir pensamientos y sentimientos positivos en torno a lo que tienes y lo que anticipas que vendrá.
- Es posible convertirte en una pareja vibracional con el dinero. Puedes comenzar a pensar, sentir y comportarte, e incluso escribir un diario, como lo harías si ya tuvieras dinero.
- Es posible comenzar a deslizar tu tarjeta de crédito con una actitud de *"Hay más en esa cuenta"* sabiend o que el dinero existe en este mundo y que ahora te has abierto a recibir más.

Pero no quiero que te castigues en este proceso. No hay necesidad de contar historias de que la estás jodiendo, de que no lo entiendes del todo, de que sigues teniendo demasiados pensamientos negativos, etc.

En cambio, es hora de que te conviertas en lo que muchos maestros espirituales en los libros metafísicos consideran como el "observador gentil". Es hora de simplemente identificar tus pensamientos sobre el dinero y los sentimientos que estos pensamientos generan en tu cuerpo. Es hora de reconocer lo que crees sobre el dinero y de ver cómo te has bloqueado accidentalmente con lo que creías que no era posible para ti. Es hora de comenzar a saber que siempre hubo otra manera disponible, y ahora conoces la verdad acerca de cómo pueden ser las cosas.

Tu trabajo simplemente consiste en: observar los pensamientos inútiles y cambiarlos por pensamientos y sentimientos más beneficiosos.

Debido al pánico, la ansiedad y el pensamiento frenético a los que nos hemos acostumbrado, olvidamos que tenemos opciones en torno a nuestros pensamientos. Nuestras mentes son poderosas como la mierda.

Te animo a que te inclines a sentir tus emociones auténticamente y hasta el final, sin que impliquen nada sobre ti y tu futuro. Cuando hacemos esto, los sentimientos comienzan a perder su carga y dejamos de identificarnos con ellos. A partir de ahí, tenemos una pizarra en blanco para crear, y comienza la diversión.

Elegir tus pensamientos, programar tu mente y enfocar tu energía intencionalmente lleva práctica. Sentir tus emociones para poder hacer espacio para crear y mantener otras nuevas y más útiles puede ser una nueva forma de hacer las cosas para ti. Vale muchísimo la pena. Y cada vez se vuelve más fácil.

Yo lo practico a diario. Todos los días de mi vida, experimento algún tipo de pensamiento o sentimiento inútil sobre el dinero. Todos los días, mi mente piensa en algo temeroso o duda, pero yo elijo no hacer de estas cosas mi verdad.

Aunque AFI procesará 20 000 transacciones este año, mi cerebro todavía dice que todo podría terminar. Aunque tengo cientos de críticas positivas en línea, todavía me pregunto si una persona infeliz podría dañarme con sus palabras.

Pensamientos como estos surgen, pero sé que no tengo que creerlos. Tengo otra opción.

Elijo no centrarme en ellos, caer en su juego o dejarlos crecer (los identifico, les agradezco por tratar de protegerme, los dejo pasar, pero elijo pensamientos que me apoyen a mí y a mis deseos).

Elegir no creerles es quinientas millones de veces más fácil ahora que cuando empecé a cambiar mis creencias sobre mi futuro, mi dinero y mi éxito inevitable. Se vuelve más y más fácil.; A medida que se suma la evidencia de que está funcionando, desarrollamos nuestra fe en el proceso.

Aunque, me imagino, puede parecer que todo esto es "fácil para mí decirlo", quiero dejar claro que estaba practicando este proceso mucho antes de que fuera fácil para mí decirlo.

Implementé estos pasos cuando tenía poca evidencia de que estuvieran funcionando, cuando mis sueños y deseos financieros eran solo una idea en mi corazón y un indicio en mi alma. Practiqué un poco todos los días, perdí mucho tiempo y me pregunté muchas veces si estaba funcionando. Pero continué intentándolo y, logré avanzar.

Con el tiempo, el trabajo no se siente tanto como tal, sino más como un mantenimiento. Pasas de verte a ti misma como alguien que considera que el dinero es un obstáculo para quien está aprendiendo cómo atraer dinero intencionalmente, a considerarte como alguien que cree que el dinero es algo común, automático y natural, quien simplemente tiene miedos financieros o dudas que resolver a medida que surgen.

El cambio es este: tener dinero era difícil, pero ahora es fácil. El dinero era para ellos, ahora el dinero es para todas nosotras. Antes, el dinero creaba problemas, pero ahora solo brinda soluciones. Antes, el dinero funcionaba para mí a veces, ahora lo hace todo el tiempo. Parecía complejo, pero ahora tener dinero parece ser algo tremendamente simple. Antes, el dinero parecía algo ajeno, pero ahora se convirtió en algo normal.

Estoy aquí para ayudarte a lograr estos cambios que modificarán tu vida.

En la actualidad, llevo a cabo estos pasos cuando se trata de cosas que de ninguna manera se han manifestado en mi realidad física aún, que parecen imposibles, y que me hacen sentir un poco loca por siquiera desearlas.

Pero entiendo que en esto consiste el trabajo, y estoy dispuesta a hacerlo.

Sé que mis pensamientos, creencias, palabras, acciones y energía son los denominadores comunes para cada situación en mi vida, y que yo estoy a cargo de mí.

Del mismo modo, tú estás a cargo de ti misma.

No hay nada que no se te pueda dar, y si lo hubiera, ahora mismo sería un buen momento para decidir que en realidad eres más poderosa que eso, porque algunas cosas raras y de mierda ciertamente existen, pero tú, mi amor, eres más grande.

¿Entiendes a lo que voy?

A través de este trabajo, experimentarás cambio tras cambio en lo que esperas, en lo que crees, en lo que sabes, en cómo piensas, en lo que experimentas y en lo que atraes.

## JODIDAMENTE RICA

Las cosas que parecían imposibles se vuelven habituales, y luego automáticas. Tener más y más dinero se vuelve normal, con cada vez menos esfuerzo. Sabes cuál es tu trabajo (sabiendo lo digna que eres, expandiendo lo que crees que es posible para ti, tomando tus acciones motivadas y atrayendo los resultados deseados), y esto se convierte en una manera de ser, vivir, pensar y comportarnos, sin proponérnoslo. Se vuelve algo natural y habitual, además de fácil y automático. Puedes contar contigo misma para atraerlo, una y otra vez. Se convierte en parte de tu identidad.

Eventualmente, tener, recibir y usar bien el dinero se convierte simplemente en quién eres y cómo eres.

Sin embargo, este trabajo es un proceso, especialmente si es una forma completamente nueva de trabajar con la vida y pensar en el dinero para ti.

Puede llevar algo de tiempo integrarse. Debes permitir que las ideas de este libro penetren y reorganicen lo que creías anteriormente. Debes saber que la energía de este libro está haciendo lo suyo y aligerando la carga a medida que avanzas. Tienes que integrarte al proceso, confrontar las creencias, hacer el trabajo y tener en cuenta que solo se vuelve más y más fácil, y cada vez mejor a medida que avanzas.

Nota: Puede que destierres muchas de tus creencias limitantes para siempre al leer este capítulo y los capítulos subsiguientes, si además haces la tarea provista. Puede que para algunas personas este proceso de ver de manera diferente las cosas requiera un poco más de tiempo, y está bien.

Tu trabajo no es sentir que estás equivocada, sino identificar y cambiar continuamente estos pensamientos. Aquí te mostramos cómo: cuando te encuentres pensando que el dinero no se siente bien, simplemente di: "¿Y si esto no fuera cierto?", seguido de "me pregunto qué podría ser más cierto".

Entonces tal vez puedes decirte: "Estoy dispuesta a ver esto de manera diferente. Ayúdame a ver esto de otra manera". A partir de ahí, puede pasar por tu mente otra posibilidad o forma de ver las cosas.

Te animo a que busques y pruebes tener pensamientos que amplíen lo que crees que es posible para ti, pero que no estén tan lejos de ti como para sentir que te estás mintiendo, tratando de engañarte o forzándote en algo que no puedes conseguir todavía.

Creo que tus pensamientos alentadores son mucho más poderosos que los que no ayudan. En lugar de preocuparte por seguir siendo humilde, seguir creyendo mentiras y de que nada de esto te está funcionando, por favor, debes saber que todo suma. Cada vez que te sientes mejor o más poderosa, que tienes un pensamiento lleno de fe o sabes que estás creando, suma.

No se trata de ser positivas porque sí, sino de saber cómo cambiar tu estado interno para crear y atraer intencionalmente y a sabiendas. Eso no significa que nunca te sentirás mal, llena de dudas o que tendrás que procesar emociones humanas reales. Simplemente significa que sabrás que ninguna situación, circunstancia o realidad en tu presente tiene una autoridad final e interna sobre tu vida. Significa que todavía estás a cargo, que siempre hay una manera mejor, que eres tremendamente capaz, profundamente digna y que estás destinada a la grandeza.

Significa que estás en lo correcto y en camino, que no es demasiado tarde para ti. Significa, inequívocamente, que lo mejor está por venir.

## TAREA

Repasa cada uno de los cuatro pasos de este capítulo para asumir el mando y diseñar una nueva realidad.

En tu diario, profundiza en las siguientes preguntas:

- **¿Qué deseas?** Esto incluye escribir en un diario las cinco preguntas que debes hacerte cuando creas que no sabes lo que quieres (consulta el "Primer paso: Identificar lo que quieres").
- **¿Qué creencias dicen que no puedes tenerlo?** Enuméralas todas. Invalida cada una con ideas que te hagan sentir mejor y apoyen tus sueños y deseos, como lo hice en la sección "Refutar las mentiras" (consulta la página 27).
- **¿Cómo deseas que el dinero trabaje para ti?** Para tu tarea del Capítulo 1, comenzaste a escribir en un diario sobre una nueva realidad posible para tu vida. Espero que ahora puedas ver cómo convertirlo en realidad, gracias a tus pensamientos y sentimientos, y por lo tanto vibrarás automáticamente en la frecuencia de alguien que ya vive en la realidad financiera que desea.

- **¿Qué estarías pensando y sintiendo si ya tuvieras lo que querías?** Escríbelo ahora y SIENTELO como si ya fuera real.

Tu trabajo, de aquí en adelante, es aprender a cambiar. Con el tiempo, podrás convertir tu estado en tu voluntad.
Hay muchas formas de cambiar tu estado energético.
- Algunas personas cambian a un estado diferente al visualizar o imaginar una nueva realidad.
- Algunas personas pasan a un nuevo estado al pensar cosas que estarían pensando si ya tuvieran lo que querían (yo soy así).
- Otras personas cambian al simular conversaciones que podrían estar teniendo si ya tuvieran la vida que quieren tener.
- Ciertos individuos pasan a un nuevo estado de escribir en el diario como si ya estuvieran viviendo su nueva realidad.
- Algunas personas inician el cambio moviendo sus cuerpos. A través de la danza, el ejercicio o largas caminatas podemos liberar endorfinas, ganar perspectiva y ver las cosas de manera diferente, haciendo espacio para luego pasar a los sentimientos que implica la realidad deseada.
- Otras cambian al saturarse en la energía de libros como este, o inscribiéndose en un curso o trabajando con un mentor que ha estado donde ellos están, o compartiendo lo que saben con alguien para que se den cuenta de cuánto han aprendido.

No importa lo que hagas para empezar a sentirte diferente; solo importa dar el primer paso para lograrlo.

La energía es la siguiente: si ya tuvieras dinero, si ya hubieras obtenido el gran aumento, si ya hubieras recibido ese nuevo pago increíble del cliente, ¿qué estarías pensando, sintiendo y viendo ahora? ¿Qué sabrías con seguridad? ¿Qué sería cierto para ti? ¿Qué te estarías diciendo a ti misma?

Siéntelo, piénsalo, dilo, hazlo, sé consciente y cree en eso.

Ahora eres una pareja vibracional para ese resultado.

- **Si fueras capaz de entrar por completo en la identidad de tu yo futuro, es decir, de la mujer que ha normalizado por completo el hecho de tener dinero, ¿qué sentirías ahora?** Sabiendo que el dinero se ha vuelto algo fácil, automático y normal para ella, ¿qué creerías sobre ti, tu vida y tu futuro?

¿Qué sabe ella? ¿En qué cree? ¿Qué siente que es verdad? ¿Qué te diría ella ahora?

Escríbelo.

TRES

## NO EXISTE TAL COSA COMO UN INGRESO FIJO

Un día, hace aproximadamente un año, leí una publicación de Instagram que, para mí, resumía la premisa fundamentalmente defectuosa utilizada para enseñar al público general sobre el dinero.

Esta persona, considerada un gurú de las finanzas, dijo literalmente: *"Si gastas, no ahorras"*.

Ugh... estaba consternada.

Ella estaba enseñando sobre el dinero desde la vibración de las restricciones, las reglas, bajo la premisa de que usar el dinero es malo.

El fin del dinero es ser usado, disfrutado, utilizado y celebrado.

Encendí mi computadora portátil y comencé a escribir un apasionado boletín para todo aquel que fuera parte de mi lista de contactos por correo electrónico.

Me detuve a mitad de camino, cuando me di cuenta de que estaba escribiendo un capítulo de mi libro.

He estado guardando estas tres lecciones para ti.

He aquí la razón por la que su publicación me molestó tanto.

## Primer dato: Sentirse avergonzado o avergonzar a otra persona para que se comporte de manera diferente no genera cambios

Psicología 101: La vergüenza no conduce a un cambio positivo y duradero.

Como dice mi psicólogo favorito de todos los tiempos, Carl Rogers, en su famoso libro El proceso de convertirse en persona: "La curiosa paradoja es que solo puedo cambiar cuando me acepto tal como soy".[1]

Puede que te avergüences hasta el punto de sentirte tan mal e intrínsecamente errada que comienzas a comportarte de manera diferente por un tiempo. Sin embargo, no es así como elijo entrenar, enseñar o ayudar a las personas a sanar su historia, sus creencias, sus experiencias pasadas y su relación con el dinero.

Cuando operamos desde la vergüenza, perpetuamos un ciclo de indignidad. Y, como ya hemos dicho, eres digna porque sí.

En pocas palabras, la autoaceptación es la forma más efectiva y amorosa de comenzar a crear nuevos patrones y percepciones y una nueva realidad.

Es hora de que liberemos nuestra culpa y vergüenza sobre quiénes somos, quiénes deberíamos ser y quiénes hemos sido, y que nos apropiemos de nuestro mérito inherente.

## Segundo dato: La vibración de elegir una u otra opción no es la mayor vibración disponible

Como he mencionado, esta es la vibra con la que quiero que juegues y percibas: *posibilidades ilimitadas.*

En lugar de escoger una u otra opción, ahora crees en ambas. Puedes creer en todas las cosas que quieres, y más.

Ahora puedes creer en formas de hacer que todos tus deseos se cumplan que no puedes ver actualmente, que pronto llegarán… y formas que te hacen decir: ¡Dios mío, ya están aquí!

Esto es algo más que me gustaría que consideraras: ¿Qué pasaría si no requiere ningún sacrificio?

¿Qué pasaría si cada camino en el que te encuentras, que se siente como un medio para un fin, tuviera un atajo disponible para ti?

¿Qué pasaría si pudieras tener lo que deseas ahora mismo, o mucho antes de lo que pensabas?

No estoy diciendo que en la manifestación, creación y recepción de tus sueños no habrá trabajo, ni decisiones, ni fuerza de voluntad involucrada. Lo que digo es que *creer que deben suceder cosas malas para que se creen cosas buenas no es la única opción.*

Este último no es un paradigma que personalmente elijo para jugar o diseñar mi vida.

Una vez más: Ugh.

## Tercer dato: Forzar algo no cambia (en absoluto) su estado energético

Si pagas todas tus deudas porque crees que es lo que debes hacer, pero estás tan acostumbrada a tener deudas que no puedes imaginar que sea de otra manera (o convertirte en un paralelo energético). O si ahorras un 10 % cada mes porque Suze Orman lo recomienda, pero no te sientes merecedora de tus ahorros, es probable que manifiestes algunos gastos descabellados que requieran que utilices tus ahorros o recuperes tu deuda, y luego dirás: "menos mal que tenía esos ahorros", y el círculo vicioso se repetirá.

Lo que quiero que entiendas es que lo que sea que tengas, en cada área de tu vida, es en gran parte el resultado de tu vibración. En cada área de tu vida financiera, siempre eres la pareja vibratoria para *otra cosa*.

La cantidad de ahorros, deudas, inversiones e ingresos que tienes es el resultado de tu vibración.

El nivel en el que te sientes cómoda gastando también es el resultado de tu vibración, y tú eres la responsable de esa vibración. La creas en cada momento con tus pensamientos, palabras, actitudes, acciones, expectativas e imaginación, y se puede cambiar fácilmente, poco a poco, a medida que se crea un mundo completamente nuevo para ti.

Vamos a crear una realidad nueva y mejorada, ¿de acuerdo?

## Mínimos y máximos energéticos

Todos tenemos reglas, estándares y patrones energéticos sobre cómo funcionan la vida y el dinero para nosotros. A menudo me refiero a estos como *puntos de referencia* energéticos.

No te puedes imaginar ganar más que una cierta cantidad de dinero, así como tampoco puedes imaginar ganar menos que otro monto en particular.

Nunca dejaremos nuestras cuentas bancarias con menos de cierta cantidad de dinero (incluso si fuera un número negativo), y hay otro cierto monto que nunca podríamos imaginar superar en nuestras cuentas.

Algunas personas no pueden imaginar tener una hipoteca porque prefieren comprar todo en efectivo, mientras que otros no pueden imaginar retrasarse en el pago de su hipoteca. Otras personas sienten que un aviso de desalojo es algo bastante normal, pero no estarían de acuerdo con ser desalojados, así como hay quienes han sido desalojados y han estado entrando y saliendo de albergues, pero no imaginan terminar en la calle.

Y todos tenemos nuestra valía ligada a lo anterior.

Lo diré de nuevo, eres digna porque sí. Tu pasado financiero y tus hábitos de dinero actuales no tienen absolutamente nada que ver con lo que puedes elegir hacer a partir de ahora.

Es hora de perdonarte a ti misma y dejarlo todo.

Recuerda, el pasado vive principalmente en tu mente, y en cada vez que lo vuelves a pensar.

## Tu punto de referencia energético

Muchas personas tienen su propio punto de referencia, o un estándar predeterminado respecto al dinero: o nunca tienen suficiente, o siempre tienen lo suficiente, o desbordan de dinero, o siempre tienen mucho más que suficiente.

Puedes cambiar tu punto de referencia, y así cambiar el modo enn el te ha ido con el dinero. Puedes cambiar las expectativas y los patrones que tienes actualmente.

Voy a compartir algunos ejemplos personales contigo.

Hace muchos años, mi mínimo ingreso energético era de 3000 dólares al mes. Esta cantidad de dinero cubría mis cuentas y me permitió hacer algunas compras, viajar y salir a comer.

En otro momento ni siquiera podía imaginarme ganar 3000 dólares al mes como coach de vida, pero como sentí que ese número ya era mi realidad todos los días, pude crear dicho mínimo, y recibí ese ingreso constante durante muchos meses.

Estaba orgullosa de mí misma por ser una gran empresaria, pero luego, decidí que estaba lista para ganar más de US$50 000 al año. Empecé a sentir y ganar alrededor de US$4200 por mes, y lo logré.

Después de implementar los pasos que te enseñé en el Capítulo 2, comencé a sentir lo que realmente quería en ese momento: el codiciado mes en el que ganara cinco cifras.

Pensé en cómo sería ganar US$10 000 o 12 000 al mes. Incluso me volví loca y pensé en cómo sería ganar US$10 000 con mi negocio en un día. Yo sabía, sin embargo, que en realidad no creía que esto fuera posible para mí, pero podía ganar US$6000 por mes, lo cual fue evidente luego de hacer los ejercicios, y establecí ese nivel como mi nuevo mínimo.

Pasé un tiempo calculando en mi teléfono las diferentes formas en que dicho monto podría llegar a mi cuenta. Calculé cuántos clientes necesitaba y cuál era el precio necesario para lograr lo que deseaba. Sentí que ese dinero ya era mío todos los días, y estaba funcionando. Aparecieron nuevos clientes. La gente me pedía que creara paquetes de entrenamiento más grandes y más caros para ellos. Me llegaban ideas sobre nuevas formas de compartir, cotizar y ofrecer paquetes con mis servicios de coaching de vida.

*Información importante:* Necesito que sepas que realmente conseguí el dinero de una forma totalmente diferente a las que yo imaginaba. Sin embargo, la lluvia de ideas con mi calculadora me permitió creer que existía la posibilidad y que recibir más dinero gracias a mi negocio era algo viable.

Durante cinco meses consecutivos gané al menos US$6000. A veces incluso conseguía hasta US$8000, que era mi máximo energético en ese momento. Estaba tan feliz de estar en el rango de US$6000- 8000 por mes, que pensé que realmente podría estar lista para recibir el ingreso de cinco cifras que tanto anhelaba.

Luego sucedió lo más extraño: a principios de mes, parecía ser el más lento de la historia. Las cosas no se veían bien en cuanto a los clientes, las ventas y las facturas. Lo peor era que había comenzado a enseñar sobre el tema del dinero.

Otro problema: me aterrorizaba hablar de dinero. Imaginaba que la gente iba a pensar que yo era codiciosa, egoísta, hambrienta de dinero y, en general, una muy mala persona si me interesaba por el dinero o lo deseaba.

Aunque había creado una capacitación sobre el dinero y estaba comenzando a compartir con otros lo que había estado funcionando para mí, tenía mucho, mucho miedo de divulgar mi material al público. Se sumaron mi miedo de no saber lo que estaba haciendo, mi vergüenza asociada con el tema del que quería hablar y un mes de ingresos lentos, hasta que me pregunté si todo lo que sabía y creía estaba mal.

Ya sentía muchísima presión y dudaba de mí misma. Tratando de encontrar consuelo, me dije *"bueno, al menos sé que puedo ganar tres mil dólares al mes"*.

¿Y qué sucedió? Al terminar el mes, había ganado 1100 dólares. Dudé de mí misma en el peor mes de mi carrera.

Un día, inicié sesión en mi portal de banca en línea y me sorprendí al ver que mi tarjeta de crédito había sido pagada. Aparentemente, hubo algún tipo de reversión de tarifas que equivalía a US$2000. Técnicamente, esto también significaba que había recibido más de US$3000 ese mes, que era la cantidad que yo me había permitido recibir.

También sucedía algo más con mi vibración. Había comenzado a jugar con la idea de pagar la deuda de mi tarjeta de crédito por completo.

## JODIDAMENTE RICA

Mientras los conceptos que les estoy enseñando ahora se estaban desarrollando dentro de mí, tenía mucha, mucha menos práctica con todos ellos. Nunca había implementado la idea del desborde y no entendía que podía eliminar la deuda ganando y recibiendo cantidades de dinero en exceso. Todavía creía que pagar mi deuda probablemente me obligaría a sacrificar mis ahorros y gastos al estilo de la publicación de Instagram que mencioné al comienzo de este capítulo (ahondaremos sobre la deuda en otro capítulo).

Lo que contribuyó a mi estado interno fue que tenía una larga historia de juntar dinero de varios trabajos durante mi adolescencia y principios de los veinte. No tenía una creencia muy fuerte sobre lo que significaba o lo que se sentiría al ganar dinero constantemente a través de mi negocio. Entonces, elegí creer que tal vez de alguna manera, podría ganar US$3000 ese mes, y tal vez algún día (de alguna manera) descubriría cómo pagar la deuda.

Esto es lo que necesito que entiendas….

Había tantas otras realidades disponibles en este escenario. Podría haber seguido creyendo que ganar entre US$6000 y 8000 era lo normal para mí. Podría haberme encerrado en la creencia de que pagaría la deuda mientras continuaba ganando. Podría haber entendido que no se requería ningún sacrificio.

*Podría haber sido alguien que creía en recibir un crédito en mi tarjeta mientras continuaba ganando* (¡¿no?!).

Podría haberme admitido a mí misma que este asunto del dinero del que anhelaba hablar, y que me volvía loca por enseñar (escribía publicaciones sobre dinero y las borraba todos los días), pronto se convertiría en mi destino. Pero no estaba en ninguno de esos lugares.

Estaba dispuesta a bajar mi ingreso mínimo, a sacrificarme a que me pagaran a través de un crédito en lugar de efectivo. Estaba dispuesta a recibir dinero al azar de otros lugares al recibir dinero a través de mi negocio.

Creé esta situación con mis pensamientos, creencias, miedos y vibraciones.

Pero aún cuando estaba bloqueando el dinero a diestra y siniestra con mis dudas, miedos y creencias limitantes, este encontró la manera de llegar como mi ingreso estándar mínimo.

Porque Dios, el universo es bueno y el dinero son buenos. Y todo está tratando de trabajar con nosotros, todo el tiempo.

A pesar de ese incómodo mes, ver el pago de una tarjeta de crédito a través de una anulación de tasas me permitió saber que estaba en lo cierto. Elijo ver esta situación como una prueba de que estaba recibiendo apoyo y de que el dinero siempre estaba tratando de llegar a mí, de una forma u otra, sin importar cómo lo permitiera.

Después de ese mes, volví a ganar US$8000. Dos meses después, gané un ingreso por cinco cifras por primera vez, (US$10 000 y al mes siguiente, US$20 000).

He duplicado y triplicado los ingresos empresariales y personales innumerables veces desde entonces, y he recibido US$10 000, 20 000 y 50 000 en muchas ocasiones, e incluso he recibido ingresos diarios de seis cifras.

En conclusión: no dejé que un mes extraño, que me enseñó muchísimo, me afectara. Lo usé como prueba tangible y confiable de que algo estaba de mi lado, y de que todo me beneficiaría.

Ahora, puedes pensar... "pero, Amanda, ganas dinero enseñando sobre el dinero". Bueno, eso es un poco cierto. También enseño y ofrezco en cursos como *marketing* en Internet, *branding* en línea, creación de contenido digital, estructuras comerciales, así como también sobre incontables principios espirituales y energéticos.

En realidad, no importa lo que enseñe, los temas que trate en los cursos, mi módulo de negocios, o cuál sea mi trabajo. Independientemente de cómo generes dinero, tendrás oportunidades para rendirte.

Podría haber renunciado ese mes, o un millón de otras veces durante este viaje. Podría haber decidido que la vida, los negocios y el dinero simplemente no estaban a mi favor. Podría haberme conformado.

Pero no lo hice.

## Nada significa nada

Podría haber permitido que ese extraño mes le informara a mi sistema de creencias que nada de esto estaba funcionando.

Podría haber permitido que significara algo sobre lo que yo llegaría a tener o ser en el futuro.

Necesito que sepas y entiendas esto: *nada significa nada que no querramos que signifique*.

Yo creo en analizar los números, así como también creo en tener *una relación íntima* con el dinero.

Creo en saber cuánto hay en mis cuentas y cuánto se necesita para vivir, administrar mi empresa y pagar mis cuentas. Y, lo más importante, creo en ganar y recibir mucho más de lo que se necesita.

Después de pensar de esta manera durante años, eso es lo que vivo la gran mayoría de las veces. Pero en el caso de experimentar un mes lento, una solicitud de reembolso o un cliente que se atrasa en un pago, o si el lanzamiento de un curso digital no sale como esperaba, no dejo que signifique nada negativo sobre mí o mi futuro.

Es decir, el hecho de no haber obtenido el trabajo o el ascenso que querías no tiene que afectar tu futuro. El hecho de tener un sobregiro en tu cuenta corriente en este momento no tiene que significar nada sobre tu futuro. El hecho de que los gastos y las facturas sigan acumulándose en el peor momento posible no tiene por qué tener un impacto sobre tu futuro.

*Estos son todos los patrones, y hoy los estamos rompiendo.*

Nada de esto significa que estés haciendo algo mal o cagándola en algo.

Nada de esto significa que eres mala manifestándote.

Nada de esto significa que todo se esté desmoronando.

Nada de esto significa que todo sea cuesta abajo a partir de ahora.

Mi cerebro trató de decirme que mi negocio se estaba derrumbando y que cada principio del mes sería "el principio del fin" durante años (que obviamente no es el caso).

¿Sabes cuál es el significado de todo esto? Que, con el tiempo, has sentido, pensado y creído cosas que no eran la mayor realidad posible para ti. Implica que debes modificar algunas cosas respecto a cómo crees que funciona la vida para ti. Significa que existe alguna discrepancia entre lo que creíste durante muchos años y lo que estás empezando a creer ahora.

Significa que hay un desfase temporal como consecuencia de esta forma en la que la nueva vida en tu favor se reorganiza para que tus nuevos pensamientos y sentimientos sobre el dinero coincidan. Implica que algunas de las vibraciones que sostuviste durante mucho tiempo todavía están avanzando en tu vida.

Pero está muy bien.

Está bien porque el mañana (o, mejor aún, ahora mismo) es el momento en el que puedes elegir tus pensamientos y sentimientos. Ahora mismo es un buen momento para crear nuevas creencias.

Ahora mismo es un buen momento para reordenar tu estado interno respecto a cómo te sentirías si ya tuvieras lo que quieres.

*Y cada momento es el oportuno para seguir adelante.*

Esto es especialmente cierto cuando parece que nada funciona.

*El "cómo" no es tu responsabilidad.*

A este punto, puede que te estés preguntando: "¿Cómo? ¿Cómo diablos el dinero vendrá a mí?

Como he dicho durante años en mi curso *Money Mentality Makeover*, "el cómo no es tu responsabilidad".

Tu trabajo, amiga mía, es concentrarte en el deseo.

Enfócate en cómo te sentirías si lo tuvieras ya mismo. Concéntrate en eliminar las creencias limitantes, en convertirte en la pareja vibracional o el paralelo energético de los resultados que deseas.

Recuerda que las posibilidades y caminos para que tus deseos se cumplan son ilimitados. Capacítate para liberar el "cómo".

Como ya mencioné, durante un tiempo, cada vez que comenzaba a desear algo para generar nuevos ingresos, jugaba con las diferentes ideas sobre cómo podría suceder. Usaba mi imaginación para abrirme a oportunidades ilimitadas, evaluando las posibles formas en las que dicho deseo podría ocurrir, pero no veía estos caminos como las únicas alternativas.

Cualquier pensamiento que te ayude a sentir o creer que puedes recibir más dinero es una buena intención.

Deberías evaluar, agradecer y liberar cualquier cosa que te haga sentir que una nueva realidad es extremadamente imposible y que nunca podría suceder en tu vida.

Podría compartirte tantas historias de personas que han experimentado logros financieros que podría escribir más de un libro, pero para ayudarte a creer, compartiré historias de algunas mujeres que me escribieron después de tomar uno de mis programas de empoderamiento financiero, *Money Mentality Makeover*.

## La historia de Alicia

Conocí a Alicia cuando di una charla en un retiro de mujeres en Florida. Le gustó lo que dije y se inscribió en Money Mentality Makeover.

Como les pido a todos al comienzo del curso, ella estableció su meta financiera, y esto es lo que me escribió un tiempo después:

*Durante el módulo uno, me di cuenta de que tenía muchas creencias inútiles que me retenían. Tenía miedo de gastar, me aferraba a los fondos que ingresaban, y sentía que no podía confiar en el dinero. Esperaba ser solo una niña con lo justo para vivir; creí que tendría que trabajar muy duro y durante muchas horas exclusivamente para cambiar el estado financiero de mi vida, y a menudo trabajaba incluso estando enferma. A los dos días de establecer mi meta, recibí una bonificación inesperada de mi trabajo y una oferta por un auto viejo que tenía estacionado en mi patio. Así, recibí unos inesperados 2000 dólares en el lapso de dos días.*

Para detallar aún más su situación, Alicia me contó que al día siguiente de establecer su objetivo, un hombre se acercó a su casa, llamó a la puerta y pidió comprar la camioneta que tenía estacionada en su patio trasero, aunque no había colocado ningún cartel de "SE VENDE".

El hombre no podía saber que el esposo de Alicia había fallecido inesperadamente unos meses antes o que tenía un niño pequeño a quien alimentar, vestir y mantener por su cuenta. Era imposible que supiera que Alicia estaba tomando mi curso y eligiendo ver las cosas de manera diferente en cuanto al dinero. No podía saber que el dinero que le pagaría significaba todo para ella. Así continúa su historia:

*Seguí recibiendo más dinero, tanto dentro como fuera de mi trabajo, ¡incluido un billete al azar de US$100 por correo!*

Debes saber que el dinero circula a nuestro alrededor y es intercambiado todo el tiempo.

El dinero siempre está disponible. Pero no podrá abrirse a ti hasta que estés dispuesta a recibirlo.

¿Cuál es la lección? El dinero siempre está tratando de llegar a ti.

Tu libre albedrío es poderoso, y el dinero no podrá anularlo.

Al creer que algo no es posible para ti, levantas una barrera entre ambos (tú y él). Punto final.

## La historia de Melissa

Melissa es una diseñadora web que seguía mi trabajo en línea. Se inscribió en *Money Mentality Makeover*, y al igual que Alicia, fijó su meta financiera.

No tenía idea de cómo le llegaría el dinero, ysto es lo que ella me escribió:

*Poco después de inscribirme, entré en una cafetería y recibí un cheque por 1000 dólares, conseguí tres clientes privados en trece días, y recibí un ingreso de 5000 dólares en una semana. ¡Y cada vez parece ser más fácil!*

Mientras visitaba a su familia, entró en una cafetería a unos pocos pueblos de distancia, donde su antigua arrendadora almorzaba. Hizo señas a Melissa y exclamó: *"¡Te debo dinero!"* y le entregó un cheque por 1000 dólares, por un depósito que no le había devuelto.

Y, tal como mencionó Melissa, su negocio explotó. Subió sus precios, y los clientes comenzaron a acercarse a ella. La gente le pedía a gritos pagarle.

¿Cuál es la lección? *A la gente le encanta pagarte.*

Lo he dicho una y otra vez, pero una de las creencias más fuertes que puede tener un empresario es esta: *A la gente le encanta pagarme.*

No creo en perseguir clientes, superar sus objeciones o convencer a alguien para que me pague o trabaje conmigo. La gente me persigue y pregunta cómo trabajar conmigo. A la gente le encanta pagarme.

No estoy disponible para aquellos que pagan a regañadientes por productos o servicios que no quieren mientras hago un trabajo con el que ni siquiera se sienten bien.

Eliminemos todo ese paradigma.

Como empresaria, tienes un flujo interminable de clientes, y a todos les encanta pagarte.

Como empleada, eres alguien que tiene un sinfín de clientes llamando a tu puerta, y todos quieren darte más dinero. A todo el mundo le encanta pagarte, y todos aman darte dinero. Están felices de hacerlo.

## La historia de Ciara

Ciara dudaba de que mi trabajo pudiera funcionar para ella. No estaba segura de poder relacionarse conmigo ya que era afroamericana.

*"No soy rubia, blanca ni flaca.... ¿Este curso funcionará para mí?"* me preguntó cuando me escribió para contarme su experiencia.

Ciara no es la única que lo vive así. Nuestra sociedad ha sido bombardeada con imágenes en los medios que normalizan que las personas mulatas y negras sean pobres, y el trauma generacional afecta la forma en que las niñas y los niños negros y mulatos crecen y ven el dinero. Mucha gente considera que la riqueza es una posibilidad para los blancos solamente. ¿Cómo podía esperar que una mujer blanca le enseñara principios que resuenen con ella y sean aplicables a su vida?

Sin embargo, ella no podía sacarme ni a mí ni a mi programa de su mente, así que se inscribió. Después de escuchar el contenido, participar en el grupo y hacer la tarea, me contó lo siguiente:

*Empecé a notar victorias pequeñas, pero especiales. Un cliente me entregó 25 dólares en efectivo porque 'simplemente disfrutó de mi presencia y energía' y se sintió obligado a dármelo. Trabajo en el departamento de ventas de un producto de alta gama, y nunca había recibido dinero en efectivo de un cliente. Luego, vendí*

## JODIDAMENTE RICA

*US$17 117.51–* *La venta más grande que había cerrado hasta ese momento, en menos de 90 minutos, con facilidad (es decir, sin tener que convencer al cliente, sin necesidad de pensar al respecto, sin comparar con otras ofertas, ¡nada de esa basura!) ¡Y esto fue exactamente un mes después de unirme, cuando todavía estaba cursando el módulo uno! Mi sensación fue... 'mierda, esto funciona, ¡y me gusta de verdad!*

A lo largo de los años que llevo haciendo este trabajo, he visto de todo. He sido testigo de innumerables aumentos y ascensos. He visto a cientos de personas recibir cheques por correo. Siempre me pregunto: "¿Quién diablos recibe o envía cheques hoy en día?" Pero los que estamos abiertos al dinero que siempre funciona a nuestro favor y sabemos que siempre está de nuestro lado y tratando de abrirse camino hacia nosotros a menudo recibimos cheques.

Como ya hemos aprendido, el dinero siempre está tratando de llegar hacia ti. A menudo tomará el camino más fácil, y a veces llega en forma de cheques inesperados o aleatorios.

He visto a antiguos amigos aparecer de la nada para devolver el dinero que me debían. He tenido clientes que habían desaparecido o incumplido con sus pagos, y regresaron para hacer las cosas bien.

## La historia de Samantha

Nunca olvidaré a Samantha, que se inscribió en *Money Mentality Makeover* desde su teléfono mientras vivía en un refugio con sus hijos.

Un par de años después de escribirme me contó lo siguiente:

> *Money Mentality Makeover fue mi ancla mientras vivíamos en ese refugio. Realmente llegué a la raíz de mi sistema de creencias en torno al dinero y la abundancia en general. Pude ver mi realidad como reflejo de mi mundo interior. Este curso me ancló y me levantó al mismo tiempo. Manifesté un trabajo con un buen salario. Me aprobaron para ingresar a un departamento literalmente un día antes de tener que abandonar el refugio. Recibí varios obsequios monetarios durante este tiempo. ¡También manifesté que esos ingresos paguen mi renta por seis meses! Volvería a tomar el curso constantemente si tuviera algún miedo o inseguridad, ya que restableció mi vibra. Ahora sé que soy la creadora de mi vida. Sé que si lo deseo…. estoy destinada a lograrlo.*

Samantha se inscribió cuando recién venía ofreciendo el curso *Money Mentality Makeover* por tercer año consecutivo. Un par de años más tarde, cuando me contó los detalles de su historia, me asombró el riesgo que tomó mientras estaba en una posición tan vulnerable. Aunque yo creo profundamente en este trabajo, su historia me reforzó que este trabajo no se trata de mí o de mi negocio

—estas enseñanzas fluyen a través mío para cambiar la vida de aquellos que lo necesitan.

Todavía me siento increíblemente humilde e inspirada por la fe y tenacidad de mujeres como Samantha.

Una y otra vez, estoy agradecida por este trabajo y por la gente a la que ayuda.

Una y otra vez, veo cómo la vida de las personas cambia fundamentalmente a través de las transformaciones que experimentan respecto al dinero.

Una y otra vez, escucho a empresarias decir que los clientes ahora las persiguen para pagarles.

Una y otra vez, escucho a empleadas decir que ahora son altamente valoradas en sus lugares de trabajo y reciben propuestas de aumentos y ascensos, y que las empresas competidoras se pelean por ellas.

Una gran amiga, que apoya este trabajo, se convirtió en la mujer mejor pagada en la gran empresa convencional de alta jerarquía donde trabajaba, cuando apenas tenía 30 años.

¿Cuál es la lección? *No tienes que saber cómo funcionará. Tan solo debes empezar a abrirte a la idea de que así será.*

Si necesitas ayuda, volvamos a la clásica oración: *"Ayúdame a ver las cosas de otra manera. Estoy dispuesta a ver esto de manera diferente".*

La razón por la que me gustan las historias de Alicia, Melissa, Ciara y Samantha es que ninguna de ellas sabía "cómo" recibiría más dinero.

Alicia no estaba tratando de vender la camioneta; Melissa solo estaba tomando café; Ciara simplemente estaba haciendo su trabajo; Samantha estaba tratando de crear una vida mejor para sus hijos… pero en todos estos casos, el dinero llegó fácilmente.

Cada una también ganó dinero dentro de su negocio o trabajo, y en formas tremendamente inesperadas.

## Comprar una casa multimillonaria

He aquí un ejemplo de mi vida: En este momento, estoy renovando la casa que compré hace aproximadamente un año.

He tenido más de un millón de dólares en el banco por un tiempo antes de comprarla. Esto fue el mínimo energético para mí, a menos que encontrara una casa. Sentí que el exceso de dinero estaba destinado al pago inicial de la casa en la que viviría (había comprado un par de propiedades de inversión, pero después de años de ser un poco nómada digital, estaba lista para mudarme a un hogar que sea mío).

Al conversar con los prestamistas hipotecarios, hubo un punto en el que parecía que necesitaría todos mis ahorros para obtener la casa que quería. Yo no estaba de acuerdo con usar el dinero de mis cuentas de inversión, y tampoco quería vaciar mis ahorros. Entendí que probablemente gastaría una gran parte en el pago inicial, pero no quería usarlo todo.

Sabía que estaba bien sacar dinero de las inversiones, pero realmente no quería eso.

Recuerdo haberme dicho a mí misma: *"Dejando de lado las cuentas de inversión, realmente no puedo imaginar tener menos de US$300 000 en mis cuentas de ahorro, que es lo* *que siento como mi mínimo energético"* (curiosamente, US$300,000 habían sido mis ahorros energéticos mínimo unos años antes, por lo que ya tenía un punto de referencia allí.)

Pasaron las semanas. Negocié el precio de venta, conversé con varios prestamistas hipotecarios, hice inspecciones en la casa, y hasta tuve una gran discusión con sus dueños cuando una de las tasaciones bajó después de que acordamos un precio más alto, lo que resultó en una reducción en el valor de la vivienda.

Durante este tiempo, también pagué mis impuestos personales anuales, es decir, un pago múltiple de impuestos de seis cifras, que aboné con dinero de una de mis cuentas de ahorro.

Mi corredor hipotecario siguió buscando varias hipotecas con bajas tasas de interés y distintos importes de anticipo. Eventualmente, acordamos y cerramos el precio por la casa, y sucedió algo extraño, aunque realmente perfecto. Después de pagar mi depósito de garantía, el anticipo, mis impuestos, y luego mantenerme a mí misma ese mes (ahorrando un monto estándar de dinero)... solo me quedaba un poco más de US$300 000, y sin tener que siquiera usar el dinero de mi cuentas de inversión.

En tan solo un año, había duplicado la cantidad inicial en ahorros, y mi nuevo mínimo energético estaba más alto que nunca (yo creo en la expansión continua. No importa cuán "buena" o "mala" sea una inversión, no invertir es una pérdida o un retroceso. Todo es un movimiento hacia adelante).

Cuando te acostumbras a recibir cierta cantidad de ganancias, ahorros o deudas, existe la opción de empezar a sentir que esa cantidad es confiable y lo normal para ti.

*Puedes establecerlo como tu punto de referencia energético.*

También tienes la opción de creer que el dinero es fugaz, poco confiable, que todo el mundo está tratando de joderte, y que las cosas no te salen bien.

Ciertamente tuve la oportunidad de creer que comprar una casa de US$3,5 millones me quitaría los ahorros de toda mi vida y requeriría vaciar mis cuentas de inversión, pero yo no creía para nada en esa realidad.

Durante muchos meses, de hecho tuve la oportunidad de creer que para renovar la casa tendría que gastar el resto del dinero que ahora es parte de mis ahorros, pero tampoco creía en esa realidad.

Elijo, mes tras mes, que las renovaciones deben ser cubiertas por el excedente o sobrante de ingresos. Para ser claro, en momentos como este, sigo siendo un ser humano que debe superar sus creencias limitantes.

Estoy justo en el abismo de lo que creo que es posible para mí. Es una posición incómoda, en la que ya no suelo estar muy a menudo en términos financieros. Puedo sentir que estoy sobrepasada, muy presionada y quizá creer que tendré que vaciar mis cuentas y mover el dinero de formas que no quiero.

Dentro de mí aún vive la niña de Sand Springs, Oklahoma, que sabe que estaba destinada a vivir esta vida que tengo ahora, pero apenas entiende que esto es real. Entonces, hago mi trabajo: la consuelo, la amo y reconozco cuando mis pensamientos y sentimientos son la consecuencia de sus miedos, y hago lo que te enseñé al final del Capítulo 2.

Me recuerdo a mí misma: *el dinero está llegando, y llegará más, mucho más. Está aquí y es mío. El "cómo" no es mi responsabilidad.*

Entonces, me libero y confío (ya ahondaremos en el significado de "confiar" y cómo entregarse o dejarlo ir sin rendirse en el próximo capítulo).

También quiero decir que, aunque el ejemplo anterior puede incluir montos mayores o menores de lo que tienes en tus manos o puedes considerar habitualmente, el concepto se aplica a cualquier monto en dólares.

Como he explicado, hubo un tiempo en el que mi mínimo energético era de US$3000 por mes.

Ahora, honestamente no puedo imaginarme ganando menos de US$400 000 en un mes (y cuando eso sucede, siento que fue un pésimo mes). Sin embargo, todo este tiempo he ganado US$8000, US$11 000, US$20 000, US$64 000, US$78 000, US$109 000, US$186 000, US$250 000, y hasta US$350 000. Estoy actualmente a punto de experimentar mi primer mes con un ingreso millonario, y el trabajo que implica recibir cualquiera de estos puntos de referencia tenía que ver en gran medida con lo que yo creía que podía tener, percibí que tendría, y decidí que sería inevitable para mí a medida que pasara el tiempo.

*Realmente no existe tal cosa como un ingreso fijo.*

He visto a maestros proponer ideas de negocios que me volaron la cabeza, padres que se quedan en casa manifestando dinero a través de ascensos para sus socios, ideas para nuevos ingresos que surgen aparentemente de la nada. A través de los años, sucedieron tantas cosas salvajemente inesperadas que han permitido que tanto yo como aquellos con los que trabajo lleguemos a nuestro mínimo energético para el mes, trimestre o año aunque nunca estamos seguros de cuál será el "cómo".

*Como ya te habrás dado cuenta, esto del dinero no depende realmente de un arduo trabajo, de seguir fórmulas, restringir nuestros deseos, e ir a lo seguro.*

Dominar el dinero se trata de elegir tus pensamientos y sentimientos respecto a él de manera intencional. Tus pensamientos recurrentes se convierten en tus creencias, y al mismo tiempo éstas determinan tus expectativas energéticas. A su vez, tus expectativas energéticas definen el modo en que el mundo trabaja contigo y te responde, y esto crea la dinámica y los paradigmas a través de los que vives.

A menudo puedes sentir que fue el destino, la suerte, la buena fortuna, etc., pero todo comenzó y terminó con... tigo.

## Deja de luchar contra ti misma

Como te habrás dado cuenta, creo que eres digna, poderosa, capaz y lo suficientemente buena, y es por eso que tengo que decirte algo que no muchos te dirán: *No hay nada de malo contigo.*

Todo lo que crees que está "mal" contigo probablemente tenga que ver con las mismas cosas que te convierten en la persona que estás destinada a ser y lo que has venido a hacer aquí a este mundo.

Lo impuntual, desordenada, desorganizada, ruidosa, intensa, ansiosa, sensible, algo perezosa, distraída y el desastre que soy son atributos que me han permitido ser igual de apasionada, innovadora, creativa, audaz como la mierda, resolutiva, abierta, profundamente atenta, original, y alguien que trabaja con más astucia, no más duro. Además, tengo una personalidad a la que le gusta que la observen cómo lo hago a mi manera, hacer que suceda ahora mismo, lo cual ayuda a que mi carrera se convierta en lo que es.

Pasé toda mi juventud tratando de cambiar rasgos de mi personalidad que resultaron ser mi mayor fortaleza, pero la respuesta nunca fue restringirme, luchar contra mí misma o cambiar quien soy.

En lugar de eso, debía abrazarme a mí misma y permitir que todas esas características se utilicen a mi favor.

Seamos claros: *Dios no la cagó cuando nos creó o cuando nos cumplió nuestros deseos.*

Sin embargo, todos somos humanos, y todos hemos creado formas poco prácticas de operar en un mundo que parece inseguro.

Como hemos aprendido, cuanto más rápido te aceptas a ti misma, más rápido puedes cambiar.

Y como mi tarea no es ayudarte a atraer dinero al azar o solo unas contadas veces, sino que estoy aquí para ayudarte a que vivas una experiencia completamente nueva con el dinero. . . también es necesario tener una experiencia completamente nueva con el modo en que te relacionas contigo misma.

Es hora de aceptar que todo sobre ti, tu vida y tu historia está a punto de ser utilizado a tu favor.

Repite esto conmigo: *"Todo es por mi bien. Está todo a mi favor".*

Además, he descartado por completo la idea de que la respuesta sea abrocharse el cinturón y esforzarnos más en nuestras carreras, estudios o relaciones románticas que sentimos como la muerte de nuestras almas al ignorar los verdaderos deseos de nuestro corazón.

La estrategia de abrocharme el cinturón y esforzarme más para hacer las cosas que me parecían intrínsicamente incorrectas en realidad me enlenteció. Es una de las varias mentalidades que solía adoptar la vieja escuela, y tuve que liberarme de ella para volverme jodidamente rica y comenzar a tener tanto dinero que no sé qué hacer con él.

La estrategia de asistir a una buena escuela, conseguir un buen trabajo y ascender no es adecuada para todos, y la idea de encontrar un buen trabajo, tener buen rendimiento y permanecer en una empresa hasta morir es un deseo que la mayoría de nosotros ya no tenemos.

Cuando empecé a sentir que mi educación formal se convertía en una lenta muerte dolorosa, y cuando la trayectoria profesional en la que estaba se tornó aburrida o un sin sentido, me arriesgué a seguir esta idea: *Hay algo mejor para mí.*

Cuando tenía poco más de veinte años, comencé a sentir que las ideas religiosas a las que me había entregado desde muy joven se convertían en un conjunto de reglas y restricciones desestabilizantes y aislantes. Estaba estrechamente ligada a la iglesia ya que deseaba utilizar las enseñanzas bíblicas para enriquecer mi vida y la vida de los demás. Cuando me alejé del ministerio tradicional, tenía miedo de perder a Dios, mi salvación y mi forma de ayudar a los demás. Paradójicamente, ahora enseño principios espirituales a cientos de miles de personas.

Me sentí lista para cambiar el mundo a mis veintitantos, mientras cursaba una maestría en ciencias en el programa de consejería y comenzó a aburrirme el hecho de tener que aprender información y asimilar conceptos a paso de tortuga, solo para obtener una licencia al final del programa para poder ejercer en un solo estado. Sabía que no estaba cualificada para trabajar con problemas importantes de salud mental en ese momento, pero confiaba en que podría apoyar a mujeres unos años más jóvenes que yo en sus relaciones personales, el desarrollo de su independencia, y la elección de sus carreras universitarias. Así fue como decidí fundar mi propia empresa de coaching de vida, y pude ganar dinero y ayudar a las personas sin tener que lidiar con la burocracia de contar con un seguro o licencia. Pude ofrecer mis servicios de asesoría en línea de manera extraoficial mientras tenía otros empleos y continuaba trabajando en mi programa de maestría, una tarea ardua y lenta. Además, también logré trabajar con clientes a nivel internacional.

A finales de mis veinte, terminé mi programa de maestría y fui aceptada en el doctorado de mis sueños.

Cuando descubrí que el programa no era más que una prisión tóxica de control, estrés y tonterías, lo abandoné y pude hacer crecer mi pequeña empresa de coaching de vida, hasta que se convirtió en el imperio multimillonario que es hoy en día.

Siempre deseé tener una carrera que me permitiera ayudar a mucha gente y ganar mucho dinero.

Y aquí estamos. Descubrí que la gran mayoría de las veces no es necesario un medio para obtener el fin. Hay un camino alternativo, aunque aún no puedas verlo.

Como estaba dispuesta a ver las cosas de manera diferente, pude escapar de los sistemas y estructuras que creía que eran imprescindibles para crear lo que quiero. Pude dirigirme directamente a mi deseo.

Quizá puedes identificarte con esta situación o ya lo has experimentado en una relación o trabajo alguna vez, o incluso quizá estás lidiando con esto ahora.

Si sientes que la forma en la que has estado viviendo, hablando o desarrollándote parece incongruente y no concuerda con quien sientes que estás destinada a ser, con la vida que quieres vivir y el rumbo que deseas tener...

Es hora de ver las cosas de otra manera, hacer las cosas de otra forma, pedir consejos y alejarte según sea necesario.

Descubrí que no estaba hecha para encajar en una iglesia, universidad o consultorio privado.

No hay nada de malo en ninguna de esas cosas, pero en el fondo no era ahí donde yacía mi propósito.

*Pasé mucho tiempo ignorando mi corazón y tratando de anular mi deseo.*

Mi vida se volvió mucho más fácil cada vez que dejé de pelear conmigo misma.

Parafraseando la Biblia: *"Tus dones te harán lugar"*.[2]

Ciertamente lo han hecho en mi caso.

Tú eres perfecta como eres. Deja de castigarte; saca partido a tus puntos fuertes. Encuentra una manera de trabajar tus "debilidades" en tus ventajas, y elige ver tus "defectos" de manera diferente. Todo está bien contigo y eres lo suficientemente buena. Tu forma de ser es deliberada; no hay nada malo contigo y... si no puedes arreglarlo o no encajas... está bien también.

Quizá naciste para sobresalir y abrir tu propio camino. Entonces, ve a por ello.

Lo digo en serio.

## Posibilidades ilimitadas

Simplemente después de que comienzas a abrirte a las posibilidades ilimitadas y a la idea de que todo funciona de otra manera en tu vida empiezas a identificar, se te presentan o encuentras la motivación para ir tras nuevas oportunidades.

A lo largo de los años, innumerables clientes con carreras tradicionales han recibido propuestas de nuevos trabajos, mejores puestos y ascensos, han visto ocurrir milagros en los empleos de sus socios, o tuvieron grandes ideas para generar nuevas fuentes de ingresos, empresas y asociaciones. No importaba si una mujer era maestra o una madre era ama de casa: se les abrieron las puertas una vez que creyeron que podían lograrlo.

Al creer en posibilidades ilimitadas, los clientes emprendedores a menudo perciben una guía de inspiración en torno a cambiar el paquete en sus servicios, subir sus precios, trabajar con distintos tipos de clientes, o crear nuevas ofertas que antes ni estaban en su mente. Incluso si previamente habían estado contando cómo su mercado se encontraba saturado, que sus precios habían llegado a un tope, o alguna otra mentira que accidentalmente creyeron.

Recuerda: no existe tal cosa como un ingreso fijo.

*Las razones por las que crees que esa declaración nunca podría aplicar en tu caso es lo que principalmente debes cambiar.*

A medida que te encierras en nuevas creencias sobre el modo en que la vida y el dinero funcionan a tu favor, tendrás la guía, orientación e inspiración para hacer, ver, pedir, tener y ser de una manera diferente a como eras antes.

Si te quedas con este trabajo y sigues creyendo que puedes conseguir cosas mejores, siempre llegarán nuevos pasos que adoptar, otra motivación, ideas frescas y más inteligentes, entre otras cosas (eso no significa que esperes, sino que hagas lo que desees, te sientas guiada a hacer, sabes hacer, te gustaría hacer, además de confiar en ti misma, a medida que se te ocurren nuevos pasos y acciones a implementar).

Los caminos se presentarán solos. Es tu trabajo prestar atención y actuar al respecto.

No me gustan las limitaciones, y no me presto a ellas cuando se trata de dinero. Pero esto no te sucederá mientras "sientas pena por ti misma" y seas "realista" respecto a tu "ingreso fijo".

Te quiero, pero tus pensamientos, creencias e historias sobre lo que crees que abarcan tus posibilidades no te dejan crecer.

## TAREA

Es hora de excavar otra vez. Saca tu diario y responde libremente estas preguntas.

- ¿En qué áreas de tu vida estás luchando contigo misma, haciéndote mal u obligándote a cambiar?
- ¿En qué áreas crees actualmente en la mentira que dice que estás limitada respecto a lo que puedes crear, a quién eres y de lo que eres capaz?
- ¿En qué áreas sueles seguir las reglas de lo que la sociedad, tus padres, tu comunidad, tu religión o tu estándar de perfección te enseñaron?
- ¿Cómo te sentirías si no hubiera nada de malo contigo, y que significaría? ¿Qué te permitirías para seguir adelante y recibir en este momento?
- Si el cambio, el crecimiento y la evolución fueran un resultado habitual en tu forma de ser, ¿cómo ves tu evolución y tu sanación? ¿En qué tipo de persona te convertirás ahora con naturalidad?
- Si fuera inevitable la evolución positiva y perfecta para convertirte en una mujer rica (o lo que quieras ser), ¿cuál dejaría de ser tu preocupación ahora? ¿Qué comenzaría a cambiar en tu vida natural e instantáneamente?

- Si ya creías que el cómo no era tu responsabilidad ¿cuál sería tu creencia sobre el dinero ahora?
- Si todas tus dinámicas y paradigmas inútiles sobre cómo el dinero funciona a tu favor ya hubieran sido identificados y cualquier creencia inútil hubiera sido completamente resuelta, ¿cómo te sentirías ahora? ¿A qué te abrirías ahora y y qué esperarías recibir? *Una pista*: No es necesario esperar cuando se trata de recibir. Continúa implementando los pasos del Capítulo 2 para liberar tus creencias y sentir una nueva realidad..
- ¿Hay algo en tu vida en lo que estés participando como medio para un fin? ¿Cuál es el resultado final que realmente deseas? ¿De veras tienes que hacer otras cosas primero para alcanzarlo? Te aliento a que pidas que te muestren y te guíen por caminos con menos resistencia, donde puedes recibir más de lo que deseas con más facilidad.

# CUATRO

........................................

# QUÉ HACER CUANDO PARECE QUE NO ESTÁ FUNCIONANDO

Tengo que ser sincera contigo.
Esta cosa de la manifestación no es para los débiles de corazón. Tienes que ser valiente y audaz. Y como ya he mencionado muchas veces, tienes que estar dispuesta a ver todo de manera diferente.

*Tienes que estar dispuesta a cuestionar lo que parece ser cierto para ti con el fin de decidir lo que va a ser cierto para ti.*

El trabajo interno existe.

Durante muchos años he repetido esta frase: "No es fe hasta que parece que no sucederá, y crees de todos modos".

Esta ha sido mi experiencia. Cuando parece que no va a suceder, pero elijo saber y creer con confianza de todos modos... ocurre la magia. Aquí es cuando activo una fe que mueve montañas; aquí es cuando es más importante mi fuerza de voluntad, mi fortaleza energética y mi capacidad de depender de mi conocimiento por encima de lo que veo. No importa cómo las cosas se ven desde afuera; sé lo que he activado y encerrado en mi interior

## ¿Cómo sabes cuándo te has convertido en una buena pareja para el dinero?

Una pregunta que recibo con mucha frecuencia es la siguiente: "¿Cómo sé cuando he hecho lo suficiente?"

Significado: ¿Cómo sé que ya lo he fijado? ¿Cómo puedo saber que ya he logrado realizar con éxito el trabajo interno necesario para atraer lo que deseo?

La respuesta parecería ser la siguiente: Cuando aparece más dinero en tu realidad física. Pero culmina mucho antes de que lo veas en tu mundo, *antes* de manifestarse en el plano físico. Se completa cuando tú lo decides. Ahí es cuando culmina en tu interior, así como también en el reino espiritual.

*En mi caso, sé que finalizó cuando ni siquiera puedo imaginar no recibir lo que he decidido que tendré.*

Ahora, sin saberlo, ya lo has hecho antes. Hay cosas en tu vida que no te imaginas tener o no tener. Al igual que los mínimos, máximos y puntos de referencia energéticos financieros de los que hablamos en el último capítulo, esto aplica a cada área de tu vida.

Tal vez no puedas imaginar no ser muy apreciada por tu pareja, amada por tus amigos, respetada en tu trabajo, poner límites a tu tiempo, o alguna otra cosa que simplemente *sea* parte de tu realidad.

Cuando bloqueas algo, es posible que no recuerdes haberlo decidido. Tal vez, siempre ha sido *así* para ti, o quizá llegaste a un punto de quiebre y decidiste cómo serían las cosas, y así han sido desde entonces, pero activas tu poder en cuanto a estas normas y ahora son simplemente así. Implica la sensación de que *"simplemente es así"*. Es la única opción, el estándar, lo que se conoce y comprende.

Esa es la mejor descripción que podría darte de mi relación con el dinero: *El dinero simplemente es.*

Es estable, es confiable, es consistente, está fácilmente disponible. Simplemente existe. Por eso confío en él.

Confío en el dinero, pero en lo que estoy confiando en verdad es en mí, porque soy yo quien establece las reglas de cómo funciona el dinero conmigo. Y tú también. Alguna vez has decidido cómo funcionaría el dinero para ti, tanto de manera consciente como inconsciente.

Asumir esa responsabilidad es difícil, pero finalmente te ayuda a recuperar tu poder.

No creaste tu realidad financiera sola; tu familia, tus padres, tus parejas y tus experiencias te ayudaron a crearla, y tú creíste en ella, pero… como te seguiré recordando hasta que termine el libro y mucho después, puedes cambiar tu vida

## Cómo funciona todo

Repasemos lo que sabemos.

Como ya he dicho, la sensación es lo que más importa a la hora de manifestarte, porque es sinónimo de vibración, y la vibración es lo que eres… y lo que eres es igual a lo que atraes.

Lo que continuamente atraes y cada vez lograrás con menos esfuerzo se convierte en lo habitual para tu vida.

Eventualmente, las atracciones se vuelven casi automáticas.

*Aquí es cuando se convierte en parte de tu identidad, en tu forma de ser, de vivir, de esperar y de recibir, sin intentarlo. Se materializa.*

De esta manera, recibir, usar, tener y ganar dinero puede convertirse simplemente en tu forma de *ser*.

¿Entiendes?

He aquí la importancia de captar la sensación.

## Cuatro consejos para percibir la sensación

Como ya he compartido, la creación de nuevos paradigmas con el dinero comienza con la fe: la fe en ti misma, la fe en estos principios, la fe en algo más grande y la fe en la verdad de que todo esto puede funcionar para ti.

Me he resistido a darte un ejercicio específico para bloquear o elegir lo que tienes porque quiero que tomes estos principios, te los apropies y crees procesos únicos que funcionen para tu vida.

Como ya he dicho, por lo general has hecho lo suficiente cuando lo sientes. Puede que experimentes una sensación de plenitud, o tal vez no puedas imaginarlo de otra manera. A partir de ahí, tu único trabajo es volver a saber y sentir lo que ya has decidido que es la verdad para ti cuando surge la duda o el miedo.

Sin embargo, quiero compartir contigo algunos aspectos que me ayudan a saber que estoy creando y atrayendo lo que yo deseo, al punto que mis dudas disminuyen, mi confianza se dispara, y no puedo imaginar no conseguir lo que quiero.

Esto es esencialmente lo que hago para ayudarme a "percibir la sensación" (en otras palabras, para poder convertirme en una pareja energética para lo que quiero).

## Primer consejo: Manifestar a través de la visualización

A lo largo del camino, los ejercicios de visualización nunca han podido igualar muchas de mis sensaciones, pero hace poco eso cambió.

Un día, sentí que me llevaban a entrar en un estado meditativo (simplemente ese estado en el que estás medio dormida y medio despierta, y todo parece casi como un sueño) y probé el ejercicio de la visualización de forma diferente. Sentí algo tan real, que me indicaba que ya tenía lo que deseaba, de modo que entendí que tenía que enseñártelo.

Vamos a intentarlo.

Siéntate o acuéstate cómodamente. Cierra los ojos.

Respira profundo varias veces, e inhala tan profundamente como puedas. Despacio. Llena tus pulmones.

Libera todo el aire. Despacio. Deja salir todo.

Repite este proceso diez veces.

Ahora, quiero que imagines que estás mirando tu teléfono.

Siéntelo en tu mano.

Ahora, visualiza: Si ya tuvieras la cantidad de dinero que deseas, ¿qué podrías ver en tu teléfono?

Tal vez estés iniciando sesión en tu aplicación de banca móvil y veas los millones de dólares en tus diversas cuentas.

Tal vez estés viendo cómo llega una notificación tras otra a través de tu pantalla para realizar pagos en tu negocio en línea.

Tal vez tengas mensajes de correo de pagos recibidos, consultas de clientes, u otra indicación de la riqueza recibida.

Tal vez esté viendo grandes depósitos directos de tu empleador.

Quiero que lo veas. Vamos.

Acerca el teléfono a tu cara, y luego apártalo.

Desplázate por todas las aplicaciones.

¿Cómo te sientes cuando ves estos indicios tangibles de dinero recibido?

Presta atención a cómo te sientes.

Y siéntelo a lo grande. Quiero que experimentes al menos cinco emociones diferentes cuando miras tu nueva realidad. Siente cada emoción durante varios segundos.

Quizá sientas abundancia. Te sientes respaldada, entusiasmada, llena de alegría, aliviada, segura, convencida, apreciada, cuidada, o rica.

Siéntelo.

(Si sientes desconfianza, que es demasiado bueno para ser verdad, o algo que no ayudan a que tus deseos se conviertan en su realidad, implementa los pasos del Capítulo 2 para refutar y procesar las ideas inútiles).

## JODIDAMENTE RICA

## *Segundo consejo: Manifiéstate oralmente*

Esta es la técnica en la que más he confiado a lo largo mi vida. He descubierto que cuando hablo o pienso de acuerdo con algo que deseo, puedo entrar en un estado vibratorio, eso que es compatible con ello.

Para hacer esto, simplemente empiezo a imaginar lo que estaría pensando si tuviera lo que quiero, o lo que estaría diciendo si tuviera lo que quiero, y permito que un pensamiento me lleve al siguiente, hasta que entro en un tipo de *riff* inspirado que es jodidamente mío. Suelo referirme a esto como *salirme por la tangente*.

Suena más o menos así:

*¡Dios mío! Funcionó. Ocurrió. No sabía cómo lo haría, pero ahora es mío. ¡Dios mío! Llegó el dinero. Apareció; el dinero apareció. Llegó a mi vida cierta cantidad de dólares. Fue mejor de lo que pensé, y más dinero del que esperaba. Llegó más fácil que lo esperado.*

*Sucedió más rápido de lo que imaginaba, y simplemente se siente tan bien. Está aquí, y se siente tan bien. Confié, y eso se siente tan bien. Obtuve lo que quería, y se siente tan bien. Tengo tanta abundancia, una enorme abundancia. Tengo un respaldo, y esto me ha demostrado, una vez más, que todo me sale bien. No hay razón para dudar, preocuparme o sentirme confundida. Todo funciona. Siempre. El dinero siempre llega. Las facturas están pagas; los clientes aparecieron; llegó el ascenso. Continuamente recibí cheques al azar en el correo. ¡Mierda!*

*Soy tan amada y tengo tanto respaldo. Soy tan digna de todo este dinero. Y sigue llegando y llegando, más y más y más, todo el día. Siempre aparece más dinero, en cantidades mayores de las que podría haber imaginado. Todos los meses recibo entre \_\_\_ y \_\_\_ dólares, sin falta. Soy tan amada; tengo tanto respaldo y he sido extremadamente recompensada. Tengo lo mejor, y merezco lo mejor. Soy la mejor, y soy digna.*

El objetivo de salirme por la tangente es elevar mi estado energético a un estado de excitación, gozo o confianza, y llegar a las emociones que naturalmente sentiré cuando logre el resultado deseado en mi vida. A veces, me gusta configurar el temporizador en mi teléfono durante 120 segundos y abrazar estos sentimientos de alta vibración durante esa cantidad de tiempo.

(PD: Realmente creo que 120 segundos al día pueden cambiar tu vida)

## Tercer consejo: Manifiesta con entradas en tu diario

Me encanta mover la energía a través de un diario (esto en sí mismo podría ser un capítulo entero). Si bien hay un millón de formas en las que podemos manifestar a través de un diario, a continuación incluyo algunas de mis favoritas.

**Gratitud + listas de deseos.** Haz una lista de gratitud. Haz una pausa y siente gratitud por cada cosa que tienes. Siente cualquier otra emoción positiva asociada a cada una (por ejemplo, puedes sentirte amada pensando en tu pareja, alegre al pensar en un nuevo atuendo, o respaldada al pensar en tu trabajo).

Desde el espacio de todos los sentimientos de alta vibración y gratitud, haz una lista de tus deseos. Mientras piensas en las cosas que quieres, piensa en lo increíble que se siente tener todo lo que tienes Reconoce que más cosas buenas están por llegar.

**Cambia las creencias limitantes.** Al igual que que hicimos al final de Capítulo 2, suelo escribir lo que quiero, enumero todas las razones por las que siento que no puedo tenerlo, refuto la validez de cada razón, y escribo nuevas creencias que apoyen mis deseos.

**Tangentes por escrito.** Me gusta hacer listas de todo lo que elijo tener en mi vida para entrar intencionalmente en la experiencia de ya tenerlo en mis manos. Cada persona es capaz de llevar los sentimientos en sus cuerpos de diferentes maneras, pero para mí lo más efectivo es escribir o hablar. Mientras escribo lo que deseo, sintiendo que ya lo tengo, soy capaz de convertirme en una pareja vibracional para el lugar en el que elijo estar en el futuro.

Cuanto más a menudo me pongo en el lugar energético en el que creo que estaré en el futuro, más cerca de mí estará ese estado.

Con la práctica, tú también podrás acceder al estado energético de tu yo del futuro y observar lo que tu yo del futuro (que ya tiene las cosas que deseas actualmente) querrá para su futuro. Recién ahí podrás convertirte en una pareja para lo que tu yo del futuro desee atraer, más rápidamente (esto es lo que la gente quiere decir cuando se refiere a que el *tiempo se derrumba*.)

Si escribir un diario, hablar o meditar te ayuda a comenzar a sentir tu resultado deseado, la idea es esta: Siéntelo hasta el punto de la satisfacción. Hasta que sientas que lo lograste.

Siéntelo de tal manera que cuando abras los ojos, cierres tu diario o llegues a la tangente, sientas como si realmente acaba de suceder.

A partir de ahí, no queda nada por hacer; sólo algo para recordar.

Tu trabajo principal es recordar lo que es tuyo.

## Cuarto consejo: Manifiéstate a través del movimiento

Hay algo acerca de mover tu cuerpo físico que puede movilizar algo de tu maldita energía. Las endorfinas fluyen, la resistencia cambia y comienzas a ver las cosas de otra manera. A menudo descubro que cuando me muevo, tengo nuevas ideas, las viejas nociones restrictivas huyen, y me siento como un ser humano completamente nuevo. Usemos esto para hacer entrar algo de dinero en efectivo.

La mayoría de nosotras hemos experimentado sentirnos un poco más livianas, sueltas u optimistas después de entrenar en el gimnasio. Es hora de usar esto intencionalmente, para que juegue a nuestro favor (financieramente hablando).

Quiero que pruebes esto: Pon tu música favorita para bailar, saltar en un trampolín, salir a correr, subirte a una bicicleta de spinning, o desnúdate a solas o con tu pareja. Una vez que entres en sintonía con la actividad elegida, enfócate en la vibración del dinero.

Tal vez ya estás sudando, estás en la zona, y literalmente puedes sentir la vida surgir a través de tu ser. Quizás estés a mitad de un orgasmo, o tal vez estás un poco molesta por todo esto del movimiento, y aún así estás dispuesta a intentarlo. A pesar de todo, cuando entras en esta sintonía y sientes que fluyes, tu trabajo es sentir que el dinero aparecerá, verlo en el banco. Percibe cómo los clientes se inscriben, celebra que la deuda está desapareciendo, siente el entusiasmo, la alegría y el alivio. Ten la certeza de que ocurrió.

Puedes consultar mi guía "Ingresa a tu grandeza— Meditación de movimiento dirigido" para que te ayude; los detalles se encuentran en la sección de Recursos al final del libro.

Dite a ti misma: *"Lo logré. Lo logré. Lo logré. Lo logré. Está funcionando. Funcionó mucho mejor de lo que pensé alguna vez. Conseguí todo lo que quería. Estoy muy orgullosa de la forma en que sucedió. Gracias. Gracias. Gracias".*

## Cuando parece que no funciona

Esta sección será increíble para ayudarte a bloquear lo que pueda llega a ocurrirte. Aun así, puede haber momentos en los que parece que no pasa nada.

Lo más importante es lo que te está pasando por dentro antes de que el dinero aparezca.

Las opiniones varían mucho en el mundo de la metafísica en cuanto a qué se debe hacer cuando parece que la manifestación no está ocurriendo. Otros dicen que hay que rendirse, mientras que algunas personas te sugieren que pongas tu deseo en un tablero de visión y ya no vuelvas a pensar en ello. Otros aconsejan hacer diversas ceremonias.

Esto es lo que siempre me ha funcionado a mí: *Regresar a la sensación de que eso ya es mío.* Pensar, hablar, imaginar y sentir que esto ya es parte de mi realidad. Agradece a Dios por ello, y luego déjalo ir.

*Siéntelo tuyo. Siente gratitud porque es tuyo, y continúa con tu día.*

Y cuando la duda, el miedo o las falsas creencias surjan cinco horas o cinco minutos después, vuelve a hacerlo.

Para mí, volver a sentir lo que he decidido es principalmente lo que me deja seguir siendo una pareja vibracional para lo que quiero.

Esto no tiene que ser contundente ni terrible. No tiene que hacerte dudar si no lo estás haciendo bien. Puede ser mucho más simple que eso.

Es tan solo una oportunidad para elegir un nuevo pensamiento (que crea una nueva sensación y vibración); sencillamente una oportunidad para recordarte lo que has elegido recibir.

Este es mi ejercicio: Cuando se me cruza por la mente lo que quiero y aún no tengo, o simplemente algo relacionado con tener esoo o no, observo y cambio de dirección. Presto atención al viejo pensamiento basado en el miedo y elijo uno nuevo basado en la libertad.

Recuerda lo que has elegido.

Recuérdate cómo funciona ahora el dinero en tu vida.

Siente que esto ya es cierto para ti, y sigue adelante.

## Esperar u observar

Nunca me ha servido la idea de esperar una manifestación (o cualquier otra cosa). Me encanta el dicho: *"Inclina la cabeza pero mueve los pies"*, que quiere decir que, aunque pido ayuda, no me quedo quieta. No me quedo esperando el sonido de las trompetas ni espero a que Dios agarre un micrófono. Me muevo, hago mi parte y lo que sé hacer. Hago lo que siento que debo hacer. Hago lo que me parece correcto, sabiendo que vendrán más empujones, impulsos e ideas.

Si es la primera vez que priorizas escuchar a tu corazón y a tu divina inspiración por encima del resto, déjame decirte que es hora de confiar en ti misma. No importa si sientes que la has cagado antes, ahora es el momento de saber que, de hecho, has estado entregando plena y completamente todo lo que necesitas para trabajar con eso "tan grande" que está ahí fuera para diseñar toda tu vida.

Entonces, digamos que ahora que has estado leyendo este libro y tienes mucho más claro lo que quieres, has ajustado tus creencias limitantes que dicen que no puedes lograrlo y estás empezando a entender lo que quiero decir con vibrar a la misma frecuencia que la de eso que quieres, y aún no ha llegado.

No llegó instantáneamente (¡ups!), y estás molesta, frustrada o indecisa.

Por favor, ten en cuenta lo siguiente: *A menudo hay un período de tiempo en el que las cosas que previamente has puesto en marcha con tus pensamientos, sentimientos y energía del pasado se están materializando ahora mismo. No te desanimes, ya que a veces se materializan y desaparecen simultáneamente a medida que las nuevas vibraciones y manifestaciones que has puesto en marcha también toman forma.*

Es decir, si has pensado, sentido, esperado e imaginado cosas de mierda durante mucho tiempo, has emitido vibraciones que están en línea con las cosas de mierda que vendrán a ti, y una parte de esa energía todavía puede materializarse, de varias maneras, por un tiempo.

*No dejes que eso sea algo negativo.* A medida que eliges tus nuevos pensamientos, sentimientos y tu realidad, todo eso está en juego ahora también. Se están dirigiendo hacia ti y aparecerán en tu vida, cada vez más.

Puedes cambiar las cosas muy rápidamente. Por supuesto que puedes. Pero a medida que veas la evidencia de tu antigua forma de vivir, ser, y pensar, debes saber que todo se está reordenando a tu favor.

También considera lo siguiente: cuando lo que has decidido que quieres es muy diferente a tu realidad actual, más piezas, componentes, energía y gente se reorganizará para que consigas lo que quieres.

A todo esto lo llamo el *reordenamiento divino*. Lo que has elegido está ocurriendo ahora. Está abriéndose camino hacia ti. El mundo entero está conspirando a tu favor. Como dijo el poeta Rumi, lo que quieres te quiere a ti. Lo que estás experimentando es simplemente una demora.

Durante este lapso de tiempo, tu trabajo es continuar haciendo tu parte: Te mantienes como una pareja vibracional a través de tus palabras, pensamientos y sentimientos. Continuamente vuelves a la verdad que acabas de descubrir. Dejas ir (una y otra vez) la idea de que podrías cagarla. Actúas de forma inspirada al hacer lo que te sientes impulsada y dirigida a hacer en lo profundo de tu alma, y vives tu vida.

Esto es lo que necesito que sepas: nunca estás esperando el dinero que está por venir, el aumento que va a suceder, o el cliente que va a pagar.

No lo estás esperando. Estás observando, con el fin de:
- Ver pruebas de que las cosas comienzan a cambiar.
- Detectar cómo tu estado interior continúa creando tu realidad.
- Tomar conciencia de los miedos que aún tienes respecto a esa necesidad de cambiar.
- Ver lo que han generado tus creencias anteriores.

Estás observando, y eso que observas es tu vida. Ahora puedes ver con más claridad que lo que tienes actualmente fue creado por lo que esperabas, elegiste y sentías que merecías en el pasado, y estás observando cómo tus nuevas creaciones toman forma.

¿Notas la diferencia? La persona *que espera* siente que no tiene opciones, como si algo tuviera que recompensarla y como si alguien o algo más tuviera el control.

La persona que *observa* sabe que es el observador, el selector, aquel que puede cambiar todo, y sabe que tiene más poder del que se imagina, y que de hecho está creando toda su realidad.

Ninguna dinámica, acuerdo o situación puede continuar sin tu consentimiento. Siempre puedes recuperar tu poder. Recuerda: "Siempre puedo pedir, elegir, y recibir una nueva energía y una nueva realidad".

Y también ten en cuenta lo siguiente: Mientras vives una nueva realidad con nuevas dinámicas, acuerdos y paradigmas sobre tu vida, esta demora parecerá acortarse según lo que pidas y elijas, y ya no será tan diferente de tu realidad actual.

Las manifestaciones (o tus deseos que se manifiestan en forma física) ocurrirán cada vez más rápido..

## El concepto erróneo de la rendición

Espero haberte ayudado a comprender que no tienes que esperar lo que quieres.

No tienes que aguardar el permiso cósmico. Tú decides, actúas y creas.

Existe un concepto erróneo frecuente en los círculos espirituales, que indican que tenemos que esperar el tiempo divino, las trompetas del cielo y las señales del Señor.

*Emm…* no.

Eso no significa rendirse.

Rendirse es buscar en tu corazón los deseos que colocaste ahí y ceder para tener lo que realmente quieres.

Rendirse es dar permiso a eso "tan grande" a lo que nos hemos referido anteriormente para que haga su parte y te ayude.

Tú das el permiso; no al revés.

Sin embargo, he visto innumerables empresarios renunciar a sus sueños y deseos, bajo la mal llamada "rendición". ¡Están desinformados!

Rendirse no es darse por vencido. *Rendirse es ceder a una verdad más profunda sobre quién eres y lo que eliges tener, hacer o ser.*

En lugar de rendirte, puedes usarlo para hacer espacio.

Este tipo de rendición suena así: *Así son las cosas ahora. No serán perfectas, pero las acepto como son. No lucho contra eso, no me preocupo y no me asusto. Acepto. Confío. Lo suelto. Todo está bien. Yo estoy bien.*

A veces me digo a mí misma: *"Así son las cosas ahora. De todos modos, no hay nada que pueda hacer al respecto".*

No es porque no hay nada que deba hacer o que pueda hacer acerca de la situación, problema o cuestión. Sé muy bien que podría hacer muchas cosas en este sentido. Es simplemente una técnica para soltar el control por un momento y pasar a un estado neutral.

Es una técnica para quitarme eso de la mente, de las manos y de las emociones por un minuto.

Cuando siento que puedo aceptar, soltar, permitir y confiar, suelto el control. Me quito toda la presión de encima; recuerdo que hay algo que me ayuda. Me relajo y elijo de nuevo.

Aceptar eso que simplemente es una estrategia para neutralizar mi energía y, a partir de ahí, volver a crear intencionalmente mi mundo.

## Es esto o algo mejor

Es hora de que comparta uno de mis principios favoritos del mundo contigo.

Si bien a veces se me atribuye haber acuñado la frase *"es esto o algo mejor"*, en realidad no tengo idea de dónde surgió.

Al tener que reformular el concepto de "rendirme" para hacer que funcione para mí, usar esta pequeña frase siempre ha hecho lo que creo que la rendición probablemente estaba destinada a hacer en primer lugar.

Cuando eliges manifestar o llamar intencionalmente algo para tu realidad, te recomiendo ser clara y específica. Pero entonces, como dije antes, tendrás que olvidarte de controlar el resultado.

Tendrás que dejar de pensar tanto en eso.

Necesitarás ser neutral por un momento si comienzas a sentirte asustada o percibes que el tema no deja de rondar en tu cabeza.

Tendrás que hacer lo que dice la clásica canción de 38 *Special* y aferrarte a eso, aunque con cierta soltura (es decir, quédate con lo que elijas tener, pero sé flexible si se presenta de manera diferente a tus expectativas).

Entonces, ¿cómo diablos lo logras? Sabes que esto es cierto: *siempre será esto o algo mejor*.

Es lo que estás pidiendo, o algo más grande aún. Es lo que has elegido o algo tan maravilloso que aún no te habías permitido incluso imaginar que podría ser posible para ti.

¿Qué pasaría si supieras que vas a recibir lo que querías o algo que era mucho mejor? ¿Te erizaría la piel, te dejaría boquiabierta y te permitiría ver cuán poderosa es tu cocreación?

La Biblia lo dice así: *"Él es poderoso para hacer que todas las cosas sean mucho más abundantes de lo que pedimos o entendemos, según el poder que obra en nosotros"*.[3]

Este concepto me permite entrar en la energía de la "rendición" al saber que está ocurriendo esto o algo mejor.

Repite conmigo: "Elijo permitir que el resultado sea mucho mejor que lo que he decidido tener".

Las palabras clave aquí son "estar decidida".

La inteligencia y el amor infinitos de todas las fuerzas del bien en este mundo se mueren por trabajar contigo para conseguir todo lo que te propongas.

Tú eres quien tiene que decidir, y nadie ni nada más puede hacerlo por ti. Decidí hace mucho tiempo que el dinero no sería la razón por la que rechacé las cosas que quería, y presto mucha atención a los pensamientos, ideas, y conversaciones sobre dinero que permito en mi espacio.

Mi vibración en torno al dinero es mi responsabilidad, y yo considero esta responsabilidad y relación como sagradas..

## Acción inspirada

Como ya he dicho algunas veces, siempre estoy dispuesta a hacer mi parte y a tomar mis acciones inspiradas, que se sienten como un empujón, una idea, un momento de "Ah... ¡ja!", como decir: *"Ay, mierda, ¿y si lo hiciera de esta manera?"*

Este tipo de inspiración me ha dado las palabras para decirle a alguien, el texto para escribir en un mensaje importante de correo electrónico de ventas, y el título para una nueva oferta.

La acción inspirada me ha llevado a hablar con la persona adecuada en el concesionario de automóviles que pudo encontrar el que quería y en el color que quería (que supuestamente no existía). También me ayudó a acercarme a la mujer que sentí que tenía las habilidades y personalidad adecuadas para mejorar el aspecto técnico de mi sitio web cuando deseaba aumentar significativamente la cantidad de inscripciones para mis cursos digitales.

La acción inspirada se percibe como una posibilidad esperanzadora, una idea "¿no sería genial si…?", o como si mi corazón saltara con excitación. Este tipo de inspiración no se siente como si viniera de mi mente, sino de algún lugar mucho más profundo en mi ser. Como si viniera de algún lugar profundo, desde lo profundo de mis entrañas en el lugar al que a veces me refiero como mi *"conocedor".*

La inspiración no se siente forzada, y tampoco es tener que hacer algo si no quiero. Es como una guía, una dirección, una posibilidad, una forma de atravesar. Esto es distinto de la "convicción" que me enseñaron en la iglesia (la creencia era que Dios "te convencería en tu espíritu" cuando estabas haciendo algo "pecaminoso" y deberías estar haciendo algo diferente, que no querías hacer pero te veías obligado, para probar tu "fidelidad"). Se acerca más a Dios recordándome lo que tengo que hacer, lo que siempre he querido hacer, lo que siempre estuvo disponible para mí y lo que siempre quise tener.

Se siente como una pequeña idea feliz, un empujoncito hacia adelante y una oportunidad para lograr un poco de movimiento en la energía, la fe y la confianza de que tendré lo que quiero.

Para ayudar a sacarlo adelante, normalmente cierro los ojos, pongo mi mano en mi corazón, y digo: "¿Qué quieres que haga?"

Si bien tomar la acción inspirada ciertamente no te hace digna (recuerda que eres digna porque lo eres), a menudo le brinda a las personas la sensación de que ahora han hecho suficiente o hecho su parte, llevándolas a la creencia de que ahora están en condiciones de recibir.

Cuando estoy creando o llamando intencionalmente a algo grande para mi vida, me gusta hacer todas las cosas que sé hacer en el reino físico. Cuando se trata de mi empresa, a menudo significa crear la oferta, publicarla en las redes sociales, enviar un correo electrónico a mi comunidad, etc. A partir de ahí, pido ayuda y veo lo que me siento guiada a hacer, confiando en que será suficiente..

## La gracia

Hablemos de la gracia.

La gracia es lo que llena el vacío.

La gracia existe cuando hago mi parte, cuando tomo mi acción inspirada, cuando hago todo lo que sé hacer, y aunque no sea suficiente... igual sucede. La gracia reúne todas las piezas invisibles que no tenía el modo de saber que necesitaría.

La gracia es lo que hace que todo funcione cuando no debería.

La gracia es lo que no te mereces, porque siempre eres suficiente y porque ya has decidido que eres digna de ella.

En mi caso, trabajo duro, no me rindo, soy responsable de mi vida y de mis elecciones.

Hago lo que es necesario para crear lo que quiero. Hago todo lo que sé hacer, todos los días, pero en muchas oportunidades, eso no debería haber sido suficiente. La cantidad de dinero que estaba ganando no tenía sentido para la pequeña audiencia que tenía.

¿Cómo funcionó siempre? ¿Cómo siempre encontré suficiente clientela? Siempre recibí la cantidad de dinero que yo sentí que era una combinación energética (una vez que entendí cómo funcionaba el dinero), incluso cuando mis situaciones no deberían haber sido suficientes para crearlo.

Puedo recordar dos oportunidades en las que tenía US$50 000 menos de mi meta mensual, y el último día del mes, un nuevo cliente potencial con quien nunca había hablado en mi vida, se presentó, hizo una entrevista rápida y pagó en su totalidad mis servicios por seis meses, y justamente el costo de la asesoría privada en ese momento era de US$50 000 por seis meses.

Para ser clara, no necesitaba el dinero para pagar algo en particular en ninguna de las dos ocasiones. Nada malo hubiera pasado si no lo conseguía. Este objetivo se basó simplemente en mi deseo de administrar, donar, ahorrar, invertir y gastar a un mayor nivel. Punto.

Para mí, la gracia es la capacidad de tener una vida hermosa, magnífica y extraordinaria, sin dejar de ser salvajemente humana e imperfecta, solo porque sí. Solo porque tú decides, pides, esperas y confías. Solo porque sabes y porque crees; simplemente porque sí.

No importa cuánto sientes que te falta saber, y no importa hasta qué punto sientes que te has quedado corta.

La gracia es el hecho de que eres lo suficientemente buena en tu interior. Porque sí. La gracia es lo que hace que no todo sea tan frágil. La gracia es la razón por la que no tienes que preocuparte por hacer todo bien todo el tiempo. La gracia es la sustancia que llena ese vacío cuando pones tu corazón y tu alma en tus sueños, metas y relaciones.

Esto no significa que no haya consecuencias, ni que tengas que abandonar tu sentido del bien y del mal, sino que en realidad implica lo contrario. Significa confiar plenamente en lo que percibes que es lo correcto para ti y tu empresa mientras ignoras todos los deberes, presunciones y reglas ridículas que has adquirido durante el camino mientras con frecuencia te preguntas: "¿Quién dice que así es como tienen que ser las cosas?"

La Biblia lo dice de este modo: *"La gracia de Dios es suficiente para ti. Su fuerza se perfecciona para ti en tu debilidad"*.[4]

Haz lo que anhelas hacer. Di lo que realmente tienes para decir (en la vida y en Internet). Haz la jugada y confía en ti misma.

La mayoría de las veces, habrá tiempo para cambiar de opinión, reacomodarte o cambiar de estrategia la próxima vez, si quieres.

Es mucho más que cuánto lo intentas o cuánto esfuerzo pones, y es por la gracia, que se representa en los que creen en su existencia.

Así que recuerda, cariño, eres digna de eso. Eres lo suficientemente buena. Has avanzado más de lo que crees, lo estás haciendo increíblemente bien, y todo se une a tu favor.

Todo es por tu bien; todo está a tu favor y te ayuda a crear tus sueños más grandes, tanto en lo financiero como en otros ámbitos.

## TAREA

Teniendo en cuenta tus metas financieras, repasa los tres ejercicios que compartí contigo para que te ayuden a percibir la sensación de que tus deseos ya se han cumplido.

- **Observa.** Haz la meditación escrita que hice para ti.
- **Habla.** Despotrica de manera inspirada.
- **Escribe.** Prueba uno o más de los ejercicios que te propuse hacer con tu diario.
- **Muévete.** Mueve tu cuerpo intuitivamente, baila una canción te encante, entrena usando la técnica que he descrito, o estira tu cuerpo mientras sientes

intencionalmente las sensaciones que mencioné en alguno de los ejercicios de hoy.

Siente la vibración de tener eso que deseabas. Percibe las emociones y sensaciones de que ya es tuyo. Siente todo en tu cuerpo y en tu experiencia interior. Deja que te ilumine, te emocione, te llene de gratitud, y te impulse a actuar.

Despotrica de manera inspirada. Prueba uno o más ejercicios en tu diario. Repasa la meditación que te escribí. Muévete si te sientes motivada a hacerlo. Puedes hacer todo esto hoy, o quizá probar un ejercicio cada día.

Te darás cuenta de cuál es el mejor para empezar. Puedes probarlos en el orden que quieras y retomar como te plazca, en cualquier momento.

Debes saber que todo está en su sitio.

Practica percibir la sensación de alcanzar tu resultado deseado, más sencillamente a medida que avanzas. Practica cambiar tu estado al de tu nueva realidad.

Practica regresar a las sensaciones y cambiar a estados que respalden lo que deseas crear.

Ya lo tienes.

# CINCO

............................................

# DINERO EN CIRCULACIÓN

En este punto del camino hacia el dinero, entiendes más sobre su energía (y cómo funciona la vida en realidad) que la mayoría de la gente. Comprendes que tienes mucho poder de co-creación dentro de ti y que es arrollador. Entiendes que el dinero simplemente te está respondiendo y que tú eres responsable de crear nuevas experiencias y dinámicas con él. Y tienes el conocimiento tanto teórico como práctico sobre cómo convertirte en una pareja vibracional para el dinero, para así poder atraer más a tu vida.

Lo que has asimilado hasta ahora es suficiente para sentar las bases y tener una experiencia basada en la libertad y la abundancia con el dinero y tu propia relación con él. ¡Felicidades!

Mientras se establecen tus cimientos, quiero recordarte esto: Reprogramar tu mente lleva tiempo. Al avanzar en la lectura de este libro, y hacer este trabajo, estas creencias se consolidarán cada vez más. También puede que permitas que los pensamientos e ideas que no te apoyan en tu creación de abundancia tomen el control.

Lo que te he enseñado puede convertirse en tu nueva manera predeterminada de ver las cosas, o puedes optar por volver a lo que creías antes de esto.

Hay muchos, muchos paradigmas y dinámicas alrededor de qué es el dinero y cómo flota por este mundo, y son todos verdaderos para los que creen en ellos. Ahora tienes la oportunidad de bloquear un tipo diferente de realidad por ti misma; sin embargo, siempre habrá otras realidades disponibles también.

Lo que aprendiste de la sociedad estará disponible para que lo creas. El enfoque de tu madre, basado en la carencia, será algo que puedes elegir bloquear de nuevo. Siempre habrá incontables ideas, normas y percepciones plagadas de dudas para que puedas elegir, pero ahora conoces una forma mejor y, por ende, ahora tienes otra opción.

Recuerda que la elección siempre es tuya. Estás a cargo de tu vida y puedes hacer que sea hermosa, y cada momento es perfecto para elegir este modo de vida.

Te aliento a retomar este libro y sus enseñanzas regularmente, tanto para releer las lecciones fundamentales como los conceptos de alto nivel que ahora abordaremos.

Como dije anteriormente, reprogramar tu cerebro lleva tiempo. Cuanto más absorbas contenido que respalde tu nueva forma de pensar, creer y ver, más refortalecerás tu nueva y poderosa determinación interior.

Antes de que te des cuenta, tu creencia en la abundancia y tu certeza sobre el valor inherente de la misma se convertirán en tu estado predeterminado.

Ahora que has establecido la base, me entusiasma poder ahondar en aspectos más profundos.

Es hora de que tomemos los principios fundamentales que te he estado compartiendo a lo largo de este libro y puedan transmitir cómo piensas y te comportas con el dinero en cada decisión y experiencia de tu día a día.

## El cambio de un momento a otro

Todos los días interactuamos con el dinero, en todo momento. A lo largo del día, piensas en tus facturas, tus cuentas, tu salario, tus clientes, y tu jubilación.

Para la mayoría de las personas, estas ideas se relacionan con el estrés, el miedo, las dudas y los sentimientos de insuficiencia, pero tú eres más sabia.

Ahora sabes tomar todos y cada uno de los pensamientos que no te hacen sentir bien, para reemplazarlos por nuevos.

Sabes que tener pensamientos y sentimientos que estén relacionados y favorezcan tu percepción de que tienes más que suficiente es esencial.

Sabes que puedes cambiar aquella sensación de que no tienes suficiente y sentir que *"siempre hay más que suficiente para mí"*.

Sabes que aquel *"no está funcionando"* ahora puede convertirse en "todo me sale bien".

Sabes que aquel *"simplemente no entiendo el dinero"* puede cambiarse por la frase *"el dinero me ama, me agradece y respalda".*

No dejes que los pensamientos basados en la duda y el miedo desenfrenado te dominen. Los reconoces, les das un momento y eliges pensamientos nuevos, más poderosos y más amables.

Recuerda: estos pensamientos crean sentimientos, que a su vez crean una vibración que es igual a tu punto de atracción. Tu punto de atracción crea tu vida.

Creamos una de forma deliberada.

## Cambiar la forma en la que gastas

Además de los pensamientos, la segunda forma más habitual en la que interactuamos con el dinero es a través de nuestros gastos diarios.

Nadie puede evitar gastar dinero, algo necesario para comer, vestirnos, pagar facturas y desplazarnos.

La idea común de la clase media es esta: cuanto menos gastamos, mejor.

Si la energía no existiera y y tu dinero se basara pura y exclusivamente en las matemáticas, esto podría ser cierto. Pero sabemos que va mucho más allá de eso.

Sabemos que los estándares energéticos importan, y que si no puedes apoyar energéticamente o imaginar tener más de US$1000 en tu cuenta bancaria, entonces manifestarás un gasto aleatorio de US$500 apenas recibas US$1500 en tu cuenta.

Una vez que comprendas que hay algo más que sumar, restar, dólares y centavos en juego, pensarás en tu relación con el gasto (que es simplemente intercambiar dinero por algo que necesitas o deseas) mucho más creativamente.

Al decidir gastar dinero, es importante tener en cuenta qué estado energético crea ese gasto dentro de ti.

## Sentirte bien con lo que gastas

Puedes deslizar tu tarjeta o entregarle al cajero tu billete de 20 dólares como si gastar fuera malo, el dinero se estuviera acabando y estuvieras haciendo algo mal, o puedes gastar como si tuvieras un respaldo, hacer compras como si hubiera más disponible para ti, comprar cosas como si fueras una mujer rica.

Puedes gastar basándote en la segunda energía independientemente del monto en dólares de la compra o la cantidad de dinero a la que tienes acceso actualmente.

Esta es una energía, una forma de ser; se trata de cómo te comportas mientras liberas dinero.

Gastar es simplemente liberar dinero. Solo estás dejando ir parte de él. Intencionalmente, estás dejándolo ir a cambio de algo que quieres.

*Como casi todo cuesta dinero, es importante que sepas cómo deslizar tu tarjeta, gastar tu efectivo y transferir tu dinero por bienes de una manera que te haga sentir bien.*

La gran mayoría de las veces, me siento bien acerca de cómo gasto el dinero, lo que liberarlo genera en mí, a dónde me lleva o cómo me respalda.

No siento el conflicto en mi interior cuando gasto dinero. Cuando veo que una cuenta, factura o gasto es incorrecto, lo observo. ¿Podría confiar en los servicios de otra compañía? ¿Me sentiría mejor con otro paquete o servicio? ¿Puedo eliminar este gasto? Si esto último no fuera posible, es mi trabajo respaldarlo enérgicamente. Necesito comenzar a verlo como algo útil, necesario o que me ayude a algo que quiero conseguir de alguna forma.

Una vez más, esto se logra observando mis pensamientos y energía con amor. Continuamente controlo lo que está pasando dentro de mí en relación con el dinero, con la intención de mantener mi energía limpia y mi estado emocional de alegría, abundancia y gratitud.

De vez en cuando, tengo que gastar dinero en algo que no me llena automáticamente de alegría, pero he aprendido a redefinir estos gastos.

Por ejemplo, me encanta pagar impuestos. Creo que el dinero a pagar es solo un reflejo del dinero que gané. Tener que pagar muchos impuestos me recuerda que yo mando. Sin mencionar que vivo en un país donde los maestros, los bomberos y las carreteras se financian gracias a los impuestos. Es un privilegio pagar esta factura.

¿Qué otra opción tengo aparte de sentirme bien acerca de esto? Los impuestos son parte de la vida. Debes pagarlos; y te sentirás mucho mejor y entrarás en un estado energético que favorecerá que recibas dinero a través de la liberación del dinero adeudado a los impuestos *con alegría*.

Recuerda: tu trabajo es sentirte bien con el dinero.

## Liberar dinero para tener más

Esto lo he creído durante muchos años: cuando libero dinero, hay que reponerlo. Dejar que el dinero se vaya hace lugar para que ese dinero vuelva a mí...

Aplico este concepto a todo, desde pequeñas compras a diario hasta el anticipo de automóviles y casas. Cuando libero dinero, espero que vuelva a mí de alguna manera y en un porcentaje mayor de lo que yo he liberado.

Entiendo que esto puede sonar como una locura y parecer poco práctico, y también comprendo que toma un minuto imaginar que incluso es posible, pero (como todo) es una realidad que se encuentra disponible.

Cada año, cientos de personas prueban este concepto al comprar mi curso, *Money Mentality Makeover* (puedes aplicarlo a otra compra que sientas que es significativa e intencional para ti). Compran el curso creyendo que es un momento significativo para ellos. Se inscriben para afirmar que están listos para vivir una nueva experiencia con el dinero. Una y otra y otra vez, recibo correos electrónicos y mensajes de redes sociales de personas que posteriormente encontraron cheques en su buzón, recibieron ascensos y aumentos de sueldo, se les devolvió el dinero adeudado, facturas pendientes de pago, etc.

Hicieron una compra gracias a su creencia, y a su vez ésta creó un resultado milagroso.

Ahora, lo que me parece jodidamente fascinante es esto: para recibir el ascenso, el cambio ya estaba puesto en marcha para su empleador; para recibir el cheque, el día que haces una afirmación, el cheque ya tendría que haberse enviado por correo días antes. Para mí, esto es un indicador de que el tiempo no es lineal y que algo mucho más grande trabaja con nosotros continuamente. Antes de saber que ibas a tomar la decisión de ser respaldada por el dinero, la energía ya se acumulaba para lograr ese resultado, y todo lo bueno sabía que elegirías esto y en su respuesta yacía la fe de que lo harías.

## Gasto intencional

Como vamos a gastar dinero de todos modos, te sugiero gastar intencional y deliberadamente.

Yo digo que liberamos dinero cuando decidimos que nuestras compras y nuestros gastos son parte de nuestro espacio de creación para recibir más.

Digo que gastemos con la intención de formar y reforzar una creencia de que siempre entra más de lo que sale y que no importa cuánto gastemos, siempre hay más disponible para nosotras (a esto lo llamo desborde).

Digo que gastemos sabiendo que las experiencias más positivas resultan en compras que sustentan nuestra vida y nuestro bienestar.

Para mí, gastar deliberadamente fue un gran cambio en mi vida.

Podemos citar la compra de ropa a modo de ejemplo. Antes de convertirme en alguien que gastaba dinero deliberadamente, solía visitar una tienda al azar, me dirigiría al sector de liquidación, y gastaba lo menos posible en la mayor cantidad de artículos. ¿Cuál fue el resultado de esto? Un armario lleno de prendas de baja calidad, desechables y mal cosidas. Ropa que se vería y se sentiría usada inmediatamente; ropa que no me abrigaba en invierno; ropa en la que se formaban esas bolitas por todas partes después del primer lavado; ropa que ciertamente no transmitía al mundo ni a mí misma quién estaba destinada a ser, a dónde iba o en quién estaba convirtiéndome.

Después de convertirme en alguien que gastaba su dinero deliberadamente, ir de compras de pronto se convirtió en una experiencia totalmente diferente.

Hoy en día, entro a una tienda sabiendo lo que estoy buscando. Para mí, esto no significa necesariamente buscar una prenda específica, sino artículos que se sientan duraderos, sustanciales y sostenibles. También elijo solo comprar cosas que realmente ame.

Busco artículos duraderos y de alta calidad que me encanten. Compro sabiendo que elijo ser cálida, respaldada y cuidada. Compro como una mujer digna y merecedora. Compro como una mujer que sabe quién diablos es.

Me convertí en alguien que preferiría tener dos suéteres duraderos, resistentes y bonitos antes que 17 camisas finitas, de aspecto frágil que fácilmente formarían agujeros y tendrán que ser desechadas al final de la temporada.

Me convertí en alguien que se siente bien con la ropa que tiene en su armario y el dinero que gastó en las prendas.

Recuerda esto, mi amor: en cada momento, cada día, aprendes a pensar en ti. Cada una de tus acciones y compras transmiten quién eres y a dónde vas. Para mí, se trata de tu identidad; el modo en el que piensas y te tratas a ti misma en última instancia determina cómo piensas y tratas al resto del mundo.

De esa manera, un suéter de liquidación que cuesta 10 dólares simplemente no es solo un suéter en rebaja por ese valor. Por supuesto, hay momentos en los que la prenda en el sector de liquidación es de alta calidad y es adecuada para mí y me siento emocionada por comprarla a un precio inesperadamente bajo, y también hay momentos en los que la prenda de baja calidad tiene un uso temporal en mi vida y comprar algo "barato" es lo que tiene sentido en el momento.

No se trata del precio o el descuento; lo más importante son los sentimientos que te despierta la prenda y lo que eliges sentir al comprarla, y luego al usarla.

Debo admitir que hubo un tiempo en el que no tenía mucho dinero para gastar en ropa. Las tiendas de reventa como Goodwill, Buffalo Exchange, etc., han sido parte de mi vida. Independientemente de dónde compraba o cuánto gastaba, he experimentado la sensación de cuidarme y respaldarme a mí misma a través de la compra. *Creé la experiencia de sentirme respaldada por el dinero cuando tenía muy poco.*

Una actitud que siempre está disponible.

Una vez más, esto no se trata de la cantidad en dólares que cuesta la ropa, sino de cómo te sientes cuando compras.

Como todo en este libro, esto no es algo que harás a la perfección al 100 %, sino algo que permite que te vuelvas cada vez más consciente, sabiendo que la energía de sentirse respaldada y amada está disponible, y que traer estos sentimientos a tu experiencia sumará y logrará un desborde en tu realidad.

## Compras grandes + gastos de dinero que "no deberías hacer"

Habrá un punto (bueno, muchos puntos) en tu vida en el que tendrás que gastar cantidades de dinero que no has podido o no te has permitido en el pasado y, si eres como yo, puede que te sientas loca o dudes un poco de vos misma cada vez que lo haces.

En tu mente, podría sonar así: *¿Quién soy yo para contratar a este mentor, pagarle a este nuevo empleado este tipo de salario, Alquilar este vehículo, comprar esta casa o hacer esta inversión? ¿Quién soy yo para inscribirme en este curso digital, comprar ese boleto de avión, hacer esa donación o usar ese tipo de bolso?*

Lo que pensamos anteriormente es: se supone que no debes gastar dinero, y especialmente dinero que *"no tienes"* y particularmente, en cosas que *"no necesitas".*

Como ya hemos demostrado: no es malo gastar dinero; el gasto te respalda. El objetivo del dinero es ser usado y gastado. Además, como ya hemos dicho, gastar y hacer circular el dinero puede hacer espacio para recibir el doble.

La clave es gastar de modo que podamos crear una expectativa y una energía positivas y seguras hacia el dinero.

El gasto puede ser una herramienta para cambiar la forma en que te ves a ti misma y modificar tu estado energético.

A lo largo de los años, he observado a muchos empresarios experimentar un cambio interno cuando eligen pagar los servicios de un entrenador o mentor de alto nivel, comprar su primer vuelo en primera clase o invertir en la computadora MacBook que siempre han soñado tener para trabajar.

Como de costumbre, la magia no radicaba en el mentor, el avión o la computadora, sino en su decisión de comportarse de otra forma, viéndose a sí mismos como empresarios abundantes y seres humanos adinerados.

Muchos de ellos hicieron esas compras con una tarjeta de crédito (es decir, gastaron dinero que técnicamente no tenían). Aunque yo no recomiendo llegar al límite de tu tarjeta de crédito en artículos que no sean importantes para ti, sí creo que gastar intencionalmente desde un estado de gratitud y alegría mientras manifiestas lo que esta compra significa para ti y tu futuro es una decisión vibratoriamente positiva, incluso si eso implica utilizar una tarjeta de crédito, un préstamo o algunos ahorros.

He aquí la razón por la que esto funciona: cuando somos mezquinos, aferrados y controladores con el dinero y nos preocupa que el dinero se agote, tendemos a interrumpir el flujo de dinero.

A medida que comenzamos a vivir desde la perspectiva de usar, trabajar con, aprovechar y gastar dinero sabiendo que vendrá más y que tenemos su respaldo, tendemos a expandir el flujo de dinero en nuestras vidas.

## JODIDAMENTE RICA

Con el tiempo, nos sentimos cómodos recibiendo, liberando, gastando, teniendo y ahorrando cantidades de dinero cada vez más grandes.

Para mí, el objetivo siempre ha sido gastar más mientras recibo más, ahorro más e invierto más. Yo creo que no se trata solamente de atesorar dinero. Quiero usar y disfrutar del dinero al máximo también.

Aunque amo tener dinero en ahorros e inversiones, deseo tener mi casa, mi vestidor, mi garaje, y me gusta dar para reflejar también mi abundancia. Quiero recibir más y gastar más, y quiero hacerlo intencionalmente, sin reparos, y con una profunda confianza en mí misma y en cómo el dinero funciona para mí.

A continuación describo algunos ejemplos del buen gasto:

- Compras intencionales.
- Gastos que honren tus necesidades y deseos.
- Gastos en consonancia con tu yo del siguiente nivel.
- Gastos que respalden tus objetivos personales y proyectos profesionales.
- Inversiones en un programa de entrenamiento o en los servicios de un mentor pago que viva y trabaje de una manera congruente contigo y tu futuro deseado.

Los principios subyacentes son los siguientes:
- El dinero en circulación deja espacio para más dinero, porque estás fluyendo y no le tienes miedo. Sabes que siempre vendrá más para que puedas elegir gastar y recibir libremente.
- Gastar (o realizar cualquier acción) como alguien que ya está en su siguiente nivel te ayuda a elevarte a ese lugar. Comienzas a encarnar la versión futura de ti y pasar al próximo nivel más rápidamente.

Entiendo que estos conceptos pueden ser diferentes a los que estás acostumbrada, y que integrarlos puede tomar un poco de práctica, pero ahora que comprendes la energía del dinero puedes ver por qué son ciertas.

*Nota al margen:* Hay una mentira que se dice en ciertos espacios: no se te permite cobrar una cierta cantidad de dinero por un producto o servicio hasta que hayas gastado esa cantidad de dinero en un producto o servicio similar.

Esto no es verdad. Hubo un tiempo en que el precio de mis servicios de coaching era significativamente mayor a lo que jamás había gastado en coaching, simplemente por el hecho de que ningún coach con el que deseaba trabajar cobraba más que yo.

Ahora, he gastado significativamente más en servicios de coaching de lo que he cobrado alguna vez, y esto es porque un coach con el que quería trabajar cobraba un precio elevado. Al fijar el precio de tus servicios, no tienes que gastar cierta cantidad de dinero para ser digno de cobrar el monto que consideres acorde a tus servicios. Las personas que dicen que debes gastar una cierta cantidad de dinero (contratándolos) para que puedas subir tus precios te están mintiendo. Puede que tengan buenas intenciones pero, en mi opinión, están usando una táctica de ventas muy superficial.

Gasta dinero de manera que te haga sentir bien, no para ser digna de algo. Gasta porque sientes que el coach, el producto, el servicio o el precio es el que crees que es acorde.

Recuerda, eres digna porque sí.

Puedes contratar a un coach para elevar tu energía, pero no tienes que hacer nada que no te haga sentir bien. Personalmente creo que deberías alejarte todo lo que puedas de los coaches, maestros o los autoproclamados gurúes que te digan que trabajar con ellos es la "única manera" de lograr algo, o que si no trabajas con ellos estarás condenada de alguna manera.

## Tu trabajo, como siempre, es este

*Sigue a tu corazón, confía en ti misma y elige lo que vas a recibir.*

Cuando te sientas inspirada para gastar en algo que te asusta, establece una intención sobre un resultado deseado con respecto a esa compra. Decide lo que significa para ti y lo que ahora ocurrirá gracias a esta inversión intencionada.

Además, recuerda que tienes una relación con el dinero. No estás arreglando tus problemas con el dinero "de una vez por todas", sino que siempre estás construyendo y manteniendo una relación para que pueda serte más práctico y respaldarte para siempre.

Esto no es algo que haces una vez, sino que es algo a desarrollar con el tiempo. Es una relación que mantienes.

Sé que es cierto que, en mi vida y en mi negocio, muchas veces experimento gastar dinero como un medio para ganarlo.

Gastar dinero es una herramienta vibratoria que suelo utilizar.

## TAREA

Es hora de profundizar. Escribe libremente la respuesta a las siguientes preguntas en tu diario.

- ¿Qué compras, facturas o pagos continuos actuales en tu vida no te hacen sentir bien? Analiza cada uno. Tal vez sea hora de eliminarlos o cambiar estos gastos. Si fuera necesario, tu trabajo consistirá en cambiar tu perspectiva respecto a esto, experimentando alegría por lo que te brindan.
- ¿Qué hábitos de compra tienes que no te hacen sentir bien? Tal vez compras artículos que ni siquiera te gustan porque están en oferta, y así creas el patrón de gastar en artículos de baja calidad que no generan una experiencia interna positiva para ti, o tal vez tu relación con los descuentos, las ventas o los cupones te ponen en un estado de carencia y puedes cambiar tu energía de *"nunca tendré abundancia"* por la mentalidad de *"estoy muy agradecida por el respaldo que me brindan estos precios especiales"*. Tal vez continuamente compras

cosas con un sentimiento subyacente de culpa, falta o miedo al deslizar tu tarjeta.

- ¿Hay algo que desees comprar que no crees que es posible que lo tengas? Ya sea los servicios de un coach, un programa, un bolso, un hogar o un coche, tu trabajo ahora es recordar lo que es realmente posible para ti. Utiliza los ejercicios del Capítulo 4 para llevar la vibración de tener aquello en tu cuerpo. Experimenta la sensación de que sea tuyo. Imagínalo, obsérvalo y siéntelo hasta que percibas una sensación de plenitud o satisfacción en tu mente y tu cuerpo. Recuerda, nada es imposible para ti. Puedes tener todo. Una vez que te conviertes en el paralelo energético de eso, el mundo entero comienza a reorganizarse para que puedas obtener lo que quieres. No importa quién eres o el lugar del que viniste, Dios es quien te otorgó tus deseos. Son tu derecho de nacimiento.

- ¿Qué tipo de mujer quieres ser en términos del gasto de dinero? ¿Cómo lo gastas y en qué? ¿Qué sientes al gastar en estas cosas? Aquí es donde bloqueamos tu yo y tu vida del siguiente nivel en cuanto a la liberación de dinero.

- ¿Cómo quieres que funcione el flujo y la circulación del dinero? ¿Qué quieres que suceda automáticamente cuando liberas dinero? En este punto, quiero que juegues con el concepto del dinero siendo reemplazado o reponiéndose fácilmente. Si el dinero actuó como le dijiste que lo hiciera, ¿qué pasaría al liberar dinero? ¿Cómo te sentirías si esto ya fuera un hecho en tu vida?

SEIS

## SIÉNTETE CÓMODA CON EL DINERO EN EFECTIVO

Muchos de los que enseñan sobre el dinero o la manifestación están en bancarrota..

Lo sé porque a menudo se inscriben en mis cursos o me contratan para que los entrene.

He sido testigo de esto incontables veces: una persona adquiere cada vez más confianza en su capacidad para *recibir* dinero, pero falla en la práctica de encarnar la energía de *tenerlo*.

El lanzamiento de su producto será exitoso, experimentará un gran mes financieramente hablando, o recibirá una gran bonificación, lo cual permite comprar cosas bonitas o pagar las cuentas y las deudas que la persona ha estado evitando, y así habrá gastado todo el dinero. *Así es como se crea un ciclo de "festín o hambruna".*

Lo cual puede ser un problema especialmente para los empresarios en el área de desarrollo personal o coaching, ya que sienten que necesitan compartir su éxito para vender lo que están promoviendo.

Están vendiendo su éxito, pero no tienen nada de dinero, y por ende tienen conflictos internos y se sienten como un fraude.

Enseñan sobre negocios, dinero o a manifestarse, pero la mayor parte del tiempo son insolventes en secreto. Por eso hay que saber distinguir entre *recibir* dinero y *tenerlo*.

Afortunadamente, podemos aprender a encarnar la energía del dinero para que sea consistente, seguro y confiable.

## Tener dinero vs. ganar dinero

Permitir que el dinero entre es una cosa, pero sentirnos cómodas con el dinero circulando en nuestra vida es otra.

El propósito de esta sección no es profundizar en la ética de los coaches empresariales en quiebra que intencionalmente describen una imagen para presentar una representación falsa de su éxito.

No deseo avergonzar la experiencia financiera de nadie, pero tengo que contarte por qué sucede.

Está bien si, hasta ahora, has gastado toda tu ganancia.

Está bien si, hasta ahora, siguieras patrones que no funcionan respecto al dinero.

Si bien soy una defensora de la honestidad en línea, sé que nuestras relaciones con el dinero suelen ser multifacéticas y tener infinitas capas.

Mi intención aquí es identificar las razones por las cuales muchas personas que aprenden a recibir dinero nunca parecen tenerlo.

La sociedad nos diría que esta gente es irresponsable, que no pueden administrar el dinero y que, en general, son malos con el dinero.

El problema real generalmente radica en una de estas áreas:

- No se sienten dignos de recibir dinero.
- En realidad no quieren el dinero.
- Creen que algo malo sucederá si se permiten quedarse con parte del dinero (como si tuvieran que dárselo a un familiar necesitado, o el recaudador de impuestos se los quitará)
- No pueden imaginar experimentar una realidad donde sobra el dinero.
- No pueden imaginar o no se sienten lo suficientemente buenos para recibir fondos adicionales, excedentes o de superávit.

En resumen, no están familiarizados con la energía y la experiencia de "tanto que no sabría qué hacer con él" o más que suficiente. Su punto de referencia energético está sintonizado a un nivel "insuficiente".

No importa cuánto dinero ganes o recibas si eres el paralelo vibracional para usarlo todo y que no quede nada.

Una vez más, se trata de tu energía y tu expectativa.

## Escapar de la actitud de que "nunca es suficiente"

A decir verdad, ya lo he vivido.

Mi relación con el dinero y la confianza en mi capacidad para obtenerlo y usarlo bien ha madurado con el tiempo.

Como he dicho, tienes una relación con el dinero… que crece, vive, respira y evoluciona.

Durante años, gané mucho dinero, pero también lo gasté. También tenía deudas, tanto de tarjetas de crédito como de préstamos estudiantiles.

¿Me perjudicó? No, en realidad no.

Como tanto en mi interior como también mi audiencia teníamos en claro que pagar completamente mi deuda no era una prioridad en ese momento, para mí no era un conflicto.

Efectué mis pagos (nunca he sido alguien que se planteaba la idea de no hacer al menos los pagos mínimos, y por lo general pagaba mucho más que eso), vivía mi vida, y, para mí, la deuda no significaba nada sobre mi situación o mi futuro financiero.

Pero un día todo cambió.

## Ahorrar el dinero en efectivo

Estaba en el área de espera de un aeropuerto balinés hablando con una gran amiga que se enorgullecía del dinero extra que siempre parecía tener. Ella me dijo algo que cambió mi perspectiva de un momento a otro: "tener una cuenta bancaria abultada está de moda".

*"¡Ay! Esto lo cambia todo"*, pensé.

Durante años, asociaba ahorrar dinero con algo demasiado aburrido, lleno de responsabilidad y obediencia, y me resultaba molesto.

## JODIDAMENTE RICA

Aún no sentía que tener ahorros era algo divertido, atractivo o deseables, pero fue la primera vez que tuve deseos de crear algo diferente en términos de mi dinero "sobrante". De repente dejó de atraerme la idea de no tener dinero en la cuenta bancaria mientras paseaba con un bolso de Chanel.

Ahí es cuando empecé a jugar con la idea de lo que llamo *desborde, o tener más que suficiente*. Empecé a reflexionar: "¿Y si, por mucho que gaste, siempre hubiera dinero sobrante?"

¿Qué pasaría si el dinero excedente o extra fuera la norma y no *simplemente suficiente o no suficiente?*

Empecé a implementar lo que te he enseñado en este libro... experimenté la sensación y fortalecí mi creencia sobre el dinero excedente. El desborde. Superávit. Tanto que no sé qué hacer con él.

En tan solo un par de meses, pagué una gran parte de la deuda, y en el transcurso de ese año, logré cancelar toda la deuda de mi tarjeta de crédito, y desde entonces, más de tres años después, siempre pude mantener esas tarjetas pagas (uso tarjetas de crédito, pero siempre las pago en su totalidad cada mes).

Empecé a pagar préstamos estudiantiles por montos mucho más grandes con orgullo y felicidad.

Pasé de ser alguien que podía ganar dinero a ser alguien que podría ahorrar, convivir con y TENER dinero.

Lo que quiero que sepas es que no traté de gastar menos, ni decidí ganar significativamente más. Hice un cambio energético internamente.

Mientras aumentaba continuamente los objetivos de ingresos para mi empresa, y ese aumento contribuyó a poder cancelar la deuda y ahorrar más dinero en efectivo, lo que quiero que entiendas es esto: no creé ciertas reglas o estructuras que me obligaban a generar X cantidad para poder pagar X deuda y poder ahorrar X cantidad de dinero excedente, mientras sentía que si no, fracasaría y nada de este asunto del dinero funcionaría para mí. Simplemente decidí que "más que suficiente" era mi vibra.

*Eso fue un hito en mi evolución financiera.* Fue el momento en que comencé a encarnar a la *mujer rica*.

Empecé a permitirme estar cómoda con la idea de tener dinero. Empecé a poner más y más dinero en mi cuenta de ahorro. Llegué a un punto en el que ni siquiera podía imaginar no tener miles de dólares, luego decenas de miles, luego cientos de miles, y luego más de un millón de dólares disponible entre mis cuentas de ahorro e inversión.

La deuda se eliminó naturalmente como consecuencia del desborde (hablaremos más sobre esto en mi próximo capítulo).

Para convertirte en esa *mujer rica*, tienes que sentirte cada vez más cómoda con la idea de usar dinero en efectivo. Tener dinero, ahorrarlo, gastarlo e invertirlo entre otras cosas.

Y quizá te preguntes quién y cómo es la mujer rica...

Es una chica tranquila, determinada, segura y centrada respecto al dinero. Se conoce, se ama y confía en sí misma en términos de dinero. Ella solo ve infinitas posibilidades, y no le preocupa el dinero porque sabe cómo funciona, y sabe generar más. Es la versión evolucionada de cada una de nosotras, el destino financiero al que cada una de nosotras estamos destinadas y encarnadas a ser.

Para mí, y para muchos de mis clientes privados, las fases de creación de riqueza son algo así.

1. **Gana.** Permite que entre el dinero. Aprende a recibir, hacer y ganar más dinero.
2. **Ahorra.** Siéntete cómoda sabiendo que tienes dinero. Permite el acceso y el desborde para crear ahorros y cancelar tu deuda.
3. **Invierte.** Comienza a invertir y compra bienes inmuebles. Invierte en la bolsa de valores o en otras actividades. Sé más intencional con los fondos de jubilación y otros instrumentos de inversión a largo plazo.

Pero todo comienza con un flujo de caja constante O con la vibración de recibir dinero.

## Flujo de caja constante

Cuando aprendí a encarnar a la *mujer rica*, me convertí en una maestra del flujo de caja constante en mi negocio.

Es decir, no importa lo que sea que lance, con qué frecuencia lo haga o el precio de esos lanzamientos, una vez que mi empresa alcanza un nuevo rango de ingresos, tendemos a permanecer en ese rango hasta que nos elevamos al próximo nivel.

En el mundo de la educación en línea, es extremadamente común tener un gran mes laboral gracias al exitoso lanzamiento de un curso, seguido de una serie de meses con ingresos mucho menores.

Hace años decidí que esa no era la vida o el negocio que buscaba. Quiero que continuamente los meses sean tremendamente rentables, sin importar lo que haga o deje de vender.

Hay meses en los que me siento impulsada a crear y vender un producto de menor precio, mientras que en otros meses siento la corazonada de vender un producto digital a un precio intermedio.

Y, contrariamente a lo que puedas pensar, en realidad más personas suelen inscribirse en las ofertas de mayor costo que a las más económicas. Sin embargo, es importante para mí que los programas de bajo costo estén disponibles para todos, así como también es esencial, en mi opinión, crear toneladas de contenido gratuito.

Desde que inicié mi emprendimiento decidí que yo siempre crearía contenido gratuito e inspirador para todo el mundo. Quiero que mi éxito y los recursos que me brinda me lleven a entregar contenido gratuito y accesible a millones de personas que se ven afectadas positivamente por lo que comparto, incluso aquellos que tal vez nunca me paguen.

Lo que no podría haber sabido hace tantos años era que, gracias al apoyo que les brindé a las personas a través de mi contenido inspirador gratuito, ya sea a través de publicaciones de Facebook e Instagram, videos de YouTube, podcasts, vlogs, blogs, y transmisiones en vivo, se sentían mucho más cómodas comprándome.

## JODIDAMENTE RICA

Quiero ayudar a las personas en cada nivel y en cada etapa de su viaje financiero.

Casi siempre recibo más inscripciones con un costo de entre US$1000- 2000 que en el rango de precios que oscila entre US$97-297, pero no suelo lanzar ningún producto con un punto de precio mayor a US$1000 por mes.

Algunos meses publico solo cosas de menor costo, mientras que en otros decido presentar productos de costo medio. Casi nunca promociono mis ofertas de "alto costo" (es decir, programas de tutoría por un valor de US$10 000 o más).

Sigo la guía de mi conocimiento interior para saber qué vender mensualmente.

A medida que los planes de pago de los distintos programas vendidos en otros meses contribuyen a los ingresos recibidos en el corriente mes, y mientras vendo lo que me dicta mi corazón, de alguna manera siempre todo se aúna para al menos igualar mi energía mínima.

Mi punto de referencia energético tiende a lograr que mi empresa genere aproximadamente la misma cantidad de dinero cada mes (la gente suele permanecer en un rango sin importar lo ancho o estrecho, hasta que avanzan a uno nuevo).

Tampoco planifico mi año; además de lanzar uno o dos productos en la misma época todos los años, ya no hago números para saber si mis objetivos son viables.

*Lo son porque yo lo decido.* Suceden porque siento que no solo son posibles, sino altamente probables y esperados.

Y aunque hacer números y organizar tus planes puede ayudarte a saber si tu objetivo de ingresos es posible y empezar a ser consciente de distintos escenarios en los que estos objetivos se convierten en tu realidad, necesito que entiendas por qué esto realmente funciona y cómo en realidad te ayuda.

Una vez que veas que la calculadora o la hoja de cálculo dicen que es posible, eliges creer.

Pero podrías haber elegido simplemente creer, sin que te importe lo que alguien o algo diga.

*El poder siempre estuvo en ti y en tu fe.*

Podría establecer una meta respecto a cuántas personas se interesarán en un oferta o un objetivo sobre cuánto podría generar un lanzamiento una vez que todos los planes de pago hayan sido pagados. Sin embargo, no me parece que el buen o mal rendimiento de un lanzamiento quiera decir nada de lo que finalmente tendré o de cuál será el resultado de aquel mes, trimestre o año.

Tomo mis acciones inspiradas (es decir, permito que mis deseos me guíen y confío en que siempre algo me orienta en la creación o venta del producto correcto).

Creo que mis deseos no me llevarán por el mal camino, y no lo hacen.

Creo que los ingresos de mi empresa no tienen que subir y bajar drásticamente, y finalmente no sucede. Y cuando tengo un mes raro, no dejo que signifique nada sobre mí o lo que puedo hacer, ser y tener en la vida. Observo el resultado de lo que pasó en mis creencias, pensamientos y energía, y sigo adelante.

No analizo, no me castigo a mí misma, no me asusto. Evalúo lo que quizá necesite modificar respecto a mis creencias, mi energía y mis expectativas, y vuelvo a asumir que está ocurriendo lo mejor que podría pasarme en la vida.

*Como ya he dicho:* Todo lo que ocurre en tu realidad financiera solo te permite conocer cómo has estado vibrando. Estás al tanto de esto porque sabes que creas vibración a través de lo que piensas y sientes, y que lo que piensas y sientes determina lo que sabes y crees. Y además, sabes que todo esto continuamente tiene sentido y trabaja en conjunto para ti, y que eres muy capaz de crear cualquier maldita cosa que desees.

*Nota al margen:* Tengo que decirte que hay una gran diferencia, energéticamente hablando, entre hacer algo que realmente no quieres hacer porque crees que te hará ganar dinero y hacer algo que sí quieres hacer, sabiendo que eres digna y eligiendo que eso te hará ganar dinero.

Sin excepción, gano más dinero cuando hago lo que quiero hacer sabiendo que, de alguna manera, el dinero que considero que es es mi paralelo vibracional llegará.

## Ganar mucho dinero no es nada del otro mundo para elevar tus ingresos

La clave para ascender a un nuevo rango de ingresos es sentir que generar esa nueva cantidad de dinero no es gran cosa para ti. Una vez que siento la frecuencia de un nuevo nivel de recepción, tiendo a percibirlo una y otra vez, ya que lo convierto en el estándar predeterminado para mí. Empiezo a pensar que ese monto de dinero es bajo, estándar, normal, y que verdaderamente no es tan importante.

Aprendí este concepto de mi buena amiga y ex mentora Katrina Ruth.

Llamé por teléfono a Kat una noche muy tarde a principios de 2017 para confiarle un miedo feroz que estaba sufriendo. Estaba convencida de que iba a tener cáncer, u otra horrible enfermedad, de la nada, y morir.

También acababa de recibir ingresos de seis cifras por primera vez (mi primer mes), seguido de cinco meses sucesivos ganando US$100 000.

Kat inmediatamente notó lo que me estaba pasando: "Necesitas sentir que los meses en los que ganas US$100 000 no son gran cosa", dijo.

"¡¿Perdón?! ¡Kat! Eso es *muchísimo* dinero", respondí.

"Amanda, una persona verdaderamente rica no podría vivir con una cantidad tan absurdamente baja de dinero. Yo sé que de hecho yo no podría", dijo.

"Está bien, pero ¿qué tiene esto que ver con el miedo a tener cáncer y morir?", le pregunté.

"Tu vida va a ser así de buena. Llega a ser así de buena y solo va a mejorar", me dijo. "Cuanto mejor se ponga, mejor será".

Kat tenía razón. Me estaba volviendo loca e inventando fobias y miedos porque mi vida se había convertido en algo realmente bueno.

Había mejorado significativamente en tan solo cinco meses.

Una vez que regresé a los Estados Unidos después de vivir seis meses de forma nómada y gestionar mi negocio desde el extranjero, arrendé un Mercedes AMG convertible (pude pagar por adelantado todo el contrato de arrendamiento con el dinero en efectivo que había reservado gracias a mi dedicación al desborde y los ahorros del verano anterior).

Conduje hasta Santa Bárbara, California, con el presentimiento de que podría quedarme un tiempo. Una vez que llegué, gané mi primer cuarto de millón de dólares en un lanzamiento, además de ganar un monto de seis cifras en un mes. Fue así como, a través de mi confianza en los ingresos constantes, continué recibiendo ganancias mensuales de seis cifras.

Había alquilado un hermoso y pequeño apartamento en planta baja en Montecito, que contaba con un jardín zen y un naranjo, a poca distancia de la playa.

Después de años de ser algo así como una adicta al trabajo y meses de viajar sola al exterior, me sentía cansada.

Las montañas de Montecito me estaban nutriendo. Los amigos que había hecho allí eran seres de muy buen corazón. Mi negocio estaba prosperando; estaba trabajando menos y ganando más. Estaba liberando estrés e historias a un buen ritmo.

Yo estaba en paz, me sentía feliz, y mi vida estaba realmente bien. Pero temía que todo pudiera terminarse y agotarse. Me asustaba el hecho de que me pueda pasar algo horrible y perder todo.

Sabía que necesitaba continuar mejorando mi nivel de ingresos y ahorros si quería ser alguien que pudiera permitirse un pago inicial del tipo de casa que quería en el área que deseaba en California (es un lugar real, ¡ja!)

Dos meses después de que Kat, con su modo duro aunque amoroso e intuitivo de decir las cosas, me aclarase sin rodeos que US$100 000 al mes no era nada, pude generar un ingreso de US$180 000 un mes, seguido de un ingreso de US$25000 unos meses después, y luego de un año, recibí un ingreso mensual de US$350 000. En el último año, pude establecer un ingreso fijo de US$400 000 en efectivo como mi estándar mínimo. Como ya he dicho, el mayor ingreso de mi empresa hasta la fecha ha sido US$586 000.

Actualmente estoy (literalmente mientras escribo) trabajando en la visualización de meses con ingresos de 1 millón de dólares como si no fuera gran cosa, porque entiendo que esta es la única manera de conseguir que mi tan humano cerebro sea capaz de recibir estas cantidades insanas de dinero continuamente..

## ¿Qué demonios hago con tanto dinero?

Es muy comprensible preguntarnos qué hace alguien con cantidades tan grandes de dinero.

Para ser honesta, a medida que ganas más dinero, nada realmente cambia, pero a la vez sí.

Ya no te preocupas por las facturas, por comprar lo que necesitas, pagar algo o ayudar a alguien con algo (la elección de preocuparse está siempre disponible, pero me he acostumbrado cada vez más a no tomar ese camino).

El dinero fluye y tú esperas que así sea, pero sigues siendo básicamente la misma persona. Simplemente tienes más recursos que hacen que sea más fácil hacer lo que sientes que estás destinada a hacer... y todo comienza a expandirse.

Amanda Frances Inc. puede pagar a un equipo de personas por hacer su gran trabajo. Tenemos gente de atención al cliente, un diseñador gráfico, un administrador de redes sociales, un editor de video, un publicista, un abogado y un contador. Mientras contrato a otros para que me ayuden, mi tiempo y mi energía se expanden. Puedo concentrarme en cosas que solo yo puedo hacer, como mantener la visión, dirigir la empresa, impartir las capacitaciones, entre otras.

El equipo de AF es capaz de sostenerse a sí mismo mientras apoyamos a las decenas de miles de personas inscritas en ofertas pagas y los cientos de miles de personas que consumen mi contenido gratuito inspirador y empoderador.

Me apoyan para llevar mi trabajo al mundo. Tengo respaldo a través de la casa en la que vivo, los autos que conduzco, la ropa que uso y los lugares a los que viajo.

Puedo dar y donar libremente cuando me conmueve una causa u organización.

*Siempre hay algo más que hacer con el dinero.*

Los graduados de Money Mentality Makeover a menudo comparten sus historias conmigo y me cuentan que han logrado inscribir a sus hijos en mejores escuelas, vivir en vecindarios más deseables, conducir autos más confiables, y experimentar una vida más agradable en general.

La reacción es la siguiente: a medida que experimentas más seguridad, consistencia y alegría en tu vida, te ves en una posición en la que puedes tener un impacto más positivo para los demás.

Cuando vives en un estado de "insuficiencia" estás limitada financieramente a lo que puedes hacer para ayudar a otros.

Como dijo Wayne Dyer: *"no puedes ser lo suficientemente pobre para ayudar a que los pobres prosperen"*[5]. Puedo hacer mucho más por los demás si soy una persona con recursos. Sigo siendo yo, pero soy una versión mía con los medios para hacer la diferencia que deseo hacer más fácilmente.

El dinero me permite ser yo, pero de una manera amplificada. El dinero me permite vivir a lo grande y marcar la diferencia.

No importa lo que te digan; el dinero es necesario para hacer un gran trabajo en el mundo, porque todo (la ropa, el personal, las escuelas, la comida, la vivienda, el cuidado de los niños) cuesta dinero.

*Y cuando todo eso está cubierto, puedes ponerte creativa.*

El dinero no es malo; es necesario.

Y eres digna de la cantidad que decidas merecer. Recibirás/ ganarás y ahorrarás/mantendrás la cantidad de dinero que puedes respaldar, tanto mental, energética y emocionalmente.

No hay una lista escrita en piedra en el cielo donde Dios haya establecido, escrito y grabado el tipo de realidad financiera que tendrás. Él te dio tu mente, tu voluntad y tus emociones, y lo dejó en tus manos. Tú puedes elegir ser excelente en cualquier área que te llame la atención, y puedes sin duda elegir ser una mujer jodidamente rica.

Me encanta recibir más dinero solo porque puedo. Personalmente amo hacer crecer mis cuentas de ahorro e inversiones. Me encanta ver cómo se acumula el dinero y se convierte en cifras más jugosas, y luego me apasiona tomar trozos de ese dinero e invertir en cosas que deseo, como el pago anticipado para una nueva propiedad. No existe la cantidad de dinero correcta o incorrecta que puedes permitirte recibir. Puedes recibir tanto como elijas. Pero hasta que empieces a hacerlo, siempre te sentirás limitada por el tipo de vida y las experiencias que puedes crear para ti misma. No estoy aquí para vivir una vida limitada..

## TAREA

Profundicemos. Escribe libremente las respuestas a las siguientes preguntas en tu diario.

- Cuando piensas en "tener tanto dinero que no sabrás que hacer con él"... ¿qué es lo que te viene a la mente?
- Cuando imaginas una realidad en la que, sin importar cuánto gastas, ganas más, ¿cómo te sientes?
- ¿Cómo te sentirías si ya te hubieras permitido recibir y hubieras creado una vida en la que el desborde, el exceso y tener más que suficiente se convirtieron en algo habitual?

- ¿Qué temes que signifique para ti tener toneladas de dinero extra? ¿Qué te da miedo que pudiera ocurrir? ¿Crees que la gente se aproveche de ti o te trate diferente? Si es así, ¿en qué medida?
- ¿Qué otros temores tienes acerca de convertirte en una mujer jodidamente rica?
- ¿Qué parte de ti teme no poder manejar el dinero o a la idea de cagarla?
- Si tuvieras que alegar y argumentar en la defensa de la idea de que estás destinada a ser rica, que debes permitirte tener siempre tanto dinero que no sabrás qué hacer con él, y que siempre lo manejarás y administrarás bien, ¿qué dirías?

    No importa si no crees que sea posible aún; el punto es apoyar aquella postura que sabe hacia dónde vas, qué estás creando y en lo que pronto estarás creyendo plenamente respecto a todo lo que estás destinada a tener.
- Juguemos con los números. Si tuvieras $____ (cifra grande) en tu cuenta de ahorros, $____ (otra cifra grande) en tu cuenta corriente, $____ (una cifra posiblemente mayor) en tus cuentas de inversión o jubilación, ¿cómo te sentirías? ¿Qué sabrías? ¿Qué se hubiera convertido en realidad para ti?
- Desde la perspectiva de la mujer rica, ¿qué creas con todo el dinero extra que tienes? ¿En qué gastas tu dinero? ¿Cómo usas el dinero? ¿Qué causas apoyas? Imagina gastar, ahorrar, invertir y hacer contribuciones con libertad y facilidad. ¿Cómo te sentirías haciéndolo? Escríbelo.

JODIDAMENTE RICA

- ¿Qué tiene para decirte la mujer rica que ya vive en ti ahora mismo? Déjala hablar.

SIETE

## LA DEUDA NO ES EL DIABLO Y AHORRAR ESTÁ DE MODA

Como ya mencionamos en el último capítulo, ahorrar dinero es esencialmente mantener o tener parte del dinero que ganas, generas o recibes..

La mayoría se siente culpable, mal o equivocada por no ahorrar lo suficiente, y esa es su vibra dominante: no importa lo que estés haciendo, deberías estar esforzándote más.

La deuda es otra área en la que muchas personas se sienten continuamente insatisfechas.

Como he estado diciendo durante años: *la deuda no es buena o mala. La deuda es una opción para pagar algo a lo largo del tiempo.*

Como aprendimos desde el principio de este libro, la culpa o la vergüenza, por bien intencionada que sea, no generará un cambio duradero y sostenible.

## ¿Qué demonios quieres?

Siempre y cuando basemos nuestras metas financieras (o cualquier objetivo) en torno a lo que nos han enseñado que "deberíamos" hacer, viviremos perpetuamente en un ciclo de desconexión con lo que realmente queremos.

Dentro de lo que realmente quieres está la motivación para hacer lo que sea necesario.

Dentro de lo que realmente deseas, hay una guía inspirada.

Dentro de lo que anhelas hacer, hay toneladas de gracia para lograrlo, hacerlo bien y a tu manera.

Tenemos que abandonar los "deberes" en torno al dinero. Si quieres cambiar los patrones sobre lo que ganas, lo que gastas, cuánto ahorras y la cantidad de deuda que tienes, hay que darse permiso para ser honesta respecto a cómo te sientes y lo que quieres.

Como ya compartí en el último capítulo, solía odiar la idea de ahorrar dinero. Lo odiaba y lo evitaba, y lo consideraba algo aburrido y molesto. No importaba que Dave Ramsey aconsejara al mundo que deje de comer afuera para ahorrar dinero o que Suzi Orman estuviera empeñada en asustarnos para que creáramos un fondo de reserva.

A los pocos años de crear mi empresa, comencé a experimentar el éxito. Estaba ganando dinero real por primera vez en mi vida. Yo había sido muy intencional y diligente para desarrollar una mentalidad y un sistema de creencias en torno al dinero que respalden la creación y el mantenimiento de este éxito financiero. Y para mantenerme conectada a mis deseos, sentirme motivada para crear la vida de mis sueños y ser capaz de ver mi propio progreso.... ya lo creo que que me enfoqué en usar, gastar y disfrutar mi dinero.

Yo estaba al tanto de mi deuda de tarjeta de crédito, sabía que tenía préstamos estudiantiles (con mucho gusto solicité el plan de pago supeditado a mis ingresos cada año), y todo eso simplemente no era la prioridad.

## Sé honesta contigo misma acerca de tus prioridades

Durante años me concentré en ganar y gastar como si esos fueran mis principales deseos. Como expliqué en el último capítulo, con el tiempo me cansé de no tener dinero en el banco y quería algo diferente. Había pedido orientación sobre los pasos a seguir, y estaba dispuesta a ver las cosas de otra manera, y eso abrió mi corazón y mi mente y me preparó para la transformación. Cuando mi amiga me hizo entender que "tener una cuenta bancaria abultada estaba de moda", hice un cambio

Quería una cuenta bancaria abultada (algo que está bastante de moda hoy en día).

Decidí que yo era una mujer a la que le gustaba *amontonar papeles* (me gustaba usar como sinónimo de "ahorrar" en ese momento, gracias a Beyoncé y su canción *6 Inch*).

Lo que quiero dejar claro es esto: nunca hubiera llegado aquí si me hubiera obligado a ahorrar cuando yo solo deseaba ganar y gastar, y de verdad podría salirme con la mía. Tenía veintitantos años, pocas responsabilidades fuera de mi equipo, mis facturas y mis clientes. Siempre le pagué a los que debía, siempre entregué el contenido que dije que entregaría. Era una mujer honesta.

Si hubiera estado en una situación diferente, con otras responsabilidades, esta evolución y mis deseos probablemente se hubieran desarrollado de otra manera.

Muchos padres con los que he trabajado a lo largo de los años han expresado sus deseos de crear seguridad y consistencia para sus hijos… ¡y claro! Eso es algo muy bonito. Estoy constantemente inspirada por los hombres y las mujeres que generan nueva riqueza mientras establecen nuevos patrones respecto al dinero para las generaciones por venir. Están creando la vida que desean mientras desarrollan sistemas de creencias saludables y relaciones de respaldo financiero para sus hijos e hijas. Esto no solo marca la diferencia para ellos sino que cambia la trayectoria del mundo, restableciendo quién tiene, genera y se siente cómodo usando dinero. Creo que no hay nada más importante que eso (a todos los padres: gracias por su esfuerzo).

Tus deseos no necesitan parecerse en nada a los míos o los de ellos, pero debemos tener en claro cuáles son. Tienes que manifestar tus deseos cada vez con mayor claridad.

## La pregunta más útil del mundo

La pregunta más útil del mundo es: *¿Qué quieres?*

Es imposible crear lo que deseas cuando no sabes qué demonios quieres. Todos tenemos cosas que pensamos que deberíamos querer o que creemos que deberíamos querer. Es hora de romper el patrón de observarlos en busca de respuestas.

Se trata de satisfacer los deseos de tu corazón.

Si puedo lograr que te acostumbres a (1) *saber* lo que quieres, y (2) *encarnar la sensación* de ya tener lo que deseas... entonces no tengo ninguna duda de que cada área de tu vida (incluidas tus finanzas) continuarán creciendo y cambiando en formas hermosas.

Tus deseos, percepciones y sentimientos son clave al tomar decisiones. Tus deseos son una guía, y están siempre indicándote cuál es tu dirección divinamente señalada y los pasos a seguir.

No tienes que conformarte simplemente con cómo te está yendo ahora en la vida. Tú, mi amor, gobiernas tu propia vida. En psicología, llamamos a esto tener un lugar de control interno, lo que simplemente implica que reconozcas, aceptes y actúes sobre el poder que tienes en tu vida.

Eres la creadora. Siempre. Estás a cargo de tu vida, que es tu continua creación moldeable.

Como ya hemos mencionado, no puedes recibir nada que no creas que puedas tener. Entonces... sentir, ver, pensar e imaginar lo que deseas como si fuera tuyo es la máxima prioridad.

## No eres una pendeja egoísta

En mi experiencia, por lo general nuestros deseos no son tan egoístas como tememos que sean. Tenemos miedo de que si consideramos nuestros verdaderos deseos, descubriremos que somos interesadas, codiciosas, y malas personas. Todavía necesito pruebas de que eso sea cierto en el caso de cualquier mujer con las que he trabajado alguna vez.

*Lo que te beneficia a ti beneficia a los que te rodean.*

Cuando estás en una buena posición, cuando sabes que tienes un respaldo, cuando estás en el fluir de tus llamadas, tienes un efecto positivo en los que te rodean. Tienes mucho más para dar cuando estás satisfecha, feliz, abundante y próspera.

*Es seguro querer lo que quieres. Es seguro obtener lo que deseas.*

A medida que me fui convirtiendo en una mujer con mejores recursos, comencé a emplear a más contratistas, respaldar a más empresas y hacer llegar mi trabajo a más personas.

*Tu abundancia respalda a los demás.*

Esto se evidencia tanto al ayudar a las personas a pagar sus compras en el mercado, obtener una hipoteca o hasta al llegar sana y salva utilizando un automóvil a través de una aplicación de transporte compartido.

Tómate el tiempo para vincular tu trabajo al servicio. Observa cómo lo que haces es un respaldo para otros y cómo el respaldo que tienes para apoyar a los demás es el mayor servicio al mundo.

Está bien querer sentirse bien. Está bien querer ser feliz. Está bien querer tener y ganar dinero.

Me refiero a que te recomiendo crear libertad para ti misma. Estoy a favor de que tengas tanto dinero que no sepas qué hacer con él. Estoy a favor de que evoluciones en esta área de tu vida.

Y gracias a mi experiencia sé que rechazarte a ti misma, a tu trabajo y a tus deseos no te llevará allí.

Quiero que tengas todo esto en mente a medida que avanzamos en (redoble de tambores).... la sección de este libro sobre la deuda.

## La sección de la deuda

He estado anticipando que escribiría esto para ti.

A lo largo de la historia de las finanzas personales, nunca ha habido un villano retratado tan horriblemente como la deuda.

Por supuesto, eso es solo si crees en las sandeces totalmente inventadas y socialmente impuestas que dicen que la deuda es por sí misma siempre negativa.

La deuda no es una fuerza sobrenatural que te lleva a la ruina financiera mientras te sentencia a la perdición y quiebra tu futuro fiscal.

Y sí, a la larga podrás pagar tu deuda.

He ayudado a miles de mujeres a poner en marcha y hacer crecer sus empresas. Tengo muchos clientes que ahora son millonarios. Con *Money Mentality Makeover* he ayudado a personas de diversos orígenes y trayectorias profesionales (una mujer con un puesto tradicional de ventas me escribió este fin de semana para contarme que canceló el pago de su auto y sus tarjetas de crédito durante el curso).

Muchas de las cosas que enseño sobre el dinero y cómo llegan a hacerte financieramente estable, e incluso tremendamente rica, son completamente lo opuesto a lo que la mayoría de los otros "expertos" te dirán (por si aún no lo habías notado).

Y de acuerdo con esto, es hora de abordar el legendario monstruo que se esconde debajo de la cama: la deuda.

Tenemos que hablar de lo que pensamos sobre la deuda, la razón por la que pensamos tanto en ella, y en dónde centrar nuestros esfuerzos.

## Deja de dar poder a la deuda

Cuando ya no le das el significado de "gastaste dinero en cosas que ahora pagarás con el correr del tiempo", puedes quitarte de encima la presión de lo que esta deuda significa para ti y tu futuro.

Préstame atención: la deuda no tiene te controlará ni a ti ni a tu vida; sólo tiene el poder que tú le das. El hecho de que tengas deudas, si las tienes, no tiene por qué significar nada sobre ti, tu valor o tu éxito a futuro.

La mayoría de las personas que convive con las deudas tienen miedo de gastar, invertir y disfrutar la vida. Sienten una culpa perpetua por su deuda y, además de sentirse mal por tener esta deuda, creen que no podrán vivir una vida feliz hasta que la cancelen.

Además, he visto a empresarias sabotear sus negocios porque estaban tan enfocadas en pagar su deuda que no se permitían disfrutar del dinero que estaban recibiendo ni gastar en sí mismas. A partir de ahí, se sentían poco motivadas para continuar creando, recibiendo y atrayendo dinero.

Y lo peor es que lo hacían bajo algún falso pretexto de que pagar la deuda las convertiría en una "buena chica" o una mujer adulta "responsable".

Lo repetiré: *eres lo suficientemente buena.*

Eres digna de tus deseos y *de las cosas para las que usas una tarjeta de crédito o un préstamo.* Tú eres digna, punto final.

No la cagaste, y superarás este momento, libre de deudas. Vamos a decidir eso ahora mismo. No tienes nada de malo por tener deudas, y tampoco estás obligada a tenerlas. Las eliminarás, ya mismo.

## Elabora una razón sólida para cancelar tu deuda

Así es como pagué la deuda de mi tarjeta de crédito:
- Decidí no preocuparme por eso.
- Abandoné todas las ideas sobre cómo, cuándo y por qué debería pagar la deuda.
- Centré todos mis esfuerzos en sentirme más cómoda con nuevos niveles de ingresos y mayores cantidades de dinero en mis cuentas (he visto a varias personas manifestar gastos por el monto exacto de la deuda que pagaron, sin abordar la parte energética de esta conversación. Ya discutiremos este punto)
- Decidí ser continuamente honesta conmigo misma en torno al hecho de que en realidad no tenía tanto anhelo de pagar la deuda.

No estaba ignorando la deuda; yo era muy consciente del monto exacto (creo en mantener una relación íntima con el dinero). Simplemente estaba intentando que la deuda no significara nada. Mi deseo era ganar y gastar, y me permití vivir mi vida en consonancia con esos deseos.

Si bien tuve momentos en los que me sentía culpable por tener una deuda, y creía que "debía" pagarla, mi verdadero deseo era hacer crecer mi negocio, ganar mucho dinero, viajar por el mundo, y comprar todo lo que quería.

Y eso es lo que ocurrió.

Después de conversar sobre el hecho de que "ahorrar está de moda", una idea a la que ya me he referido algunas veces, comencé a sentir que tenía más que suficiente, un desborde y dinero extra.

Por primera vez, comencé a sentir que realmente tendría siempre más que suficiente.

Mi deuda comenzó a disminuir, y allí es cuando surgió una razón de peso para mí: quería comprar una casa en California.

Después de conversar con algunos amigos que tenían propiedades, mis deseos estaban claros: quería bajar mi deuda, que suba mi puntaje de crédito y que mi caja de ahorros esté llena. Saldar la deuda se convirtió en un deseo profundo que era parte de una visión más importante.

*Una vez que tengas una razón de peso, todo será posible.*

Saldé mi deuda en seis meses (adeudaba aproximadamente US$60 000 de tarjeta de crédito). Cuando me concentré en ganar con la intención de comprar mierda, y cuando me concentré en ganar con la intención de seguir comprando cosas, pero también pagar cosas y ahorrar más, entonces sucedió.

Seamos claros: simplemente ganar más no fue la solución, así como tampoco lo fue tener un presupuesto o gastar menos. Podría haber ganado más dinero y, aún así, siempre mantener una jodida tonelada de deudas. La gente hace eso todo el tiempo (a menudo, esto se debe a que no se sienten dignos de su estilo de vida).

Podría haber dejado de comer en los restaurantes que amo, dejado de usar la ropa que me gusta y moverme a un estado de restricción en torno al gasto, *pero no era mi deseo*.

Amo el dinero. Me encanta el flujo de caja. Me apasiona recibir mayores cantidades de dinero a medida que transcurre el tiempo. Entonces, por supuesto, al vincular aquello que me encantaba con la cancelación de la deuda, había algo que podía realmente dejar atrás.

## El desborde elimina la deuda

Mi abundancia naturalmente saldó mi deuda. Tener más que suficiente hizo que mi deuda fuera irrelevante. Mi desborde canceló mi deuda.

Hay muchas personas con excelentes trabajos que no parecen tener, conservar o ahorrar dinero. Hay mucha gente con grandes ingresos que se preocupa por el dinero día tras día. Hay mucha gente buena y responsable que cumple con sus presupuestos al pie de la letra pero parece no poder pagar la deuda o aumentar sus ahorros más allá de cierto punto.

*El dinero no se trata de números, sino de energía.*

Tú, amiga, en este punto de nuestro viaje, ya entiendes lo que es la vibración.

No es sorprendente que la deuda aumente cuando las personas se enfocan en ella, en la razón por la que la acumularon, en cómo se endeudaron, y cuando piensan en las nuevas deudas que contraen toda la vida.

Cuando te centras en el dinero, respaldada por una razón de peso, por supuesto que el dinero se expande para ti.

Mientras me enfocaba enérgicamente en mi deseo de crear desborde o en tener más que suficiente con mi intención de tener la capacidad de comprar una hermosa casa multimillonaria en California en el futuro, la deuda se volvió irrelevante.

Empecé a tener tanto dinero que no sabía qué hacer con él, por lo que obviamente saldé la deuda.

Pero no me enfoqué en la deuda, sino en el desborde.

Me concentré en tener más que suficiente.

Me centré en ganar mucho más de lo que podía gastar, de modo que esa deuda fue eliminada naturalmente de mi vida, y mis ahorros continuaron aumentando.

Así fue como cancelé mis préstamos estudiantiles. A comienzos de 2020, estaba pagando facturas a fin de mes como siempre. Cancelé la deuda de la tarjeta de crédito de la empresa, pagué mi tarjeta de crédito personal, puse dinero en mi cuenta corriente para mis gastos personales, y deposité un monto en la cuenta que mi planificador financiero utiliza para transferir a mi cuenta de inversión. Por lo general, en este punto del proceso, tomo lo que queda y lo deposito en cuentas de ahorro de alto interés. Cuando hago esto, suelen quedar un par de cientos de miles de dólares para ahorrar. Este mes en particular, obtuve mucho más que eso. Para ser específica, US$90 000 adicionales.

Algo en mí decía *"préstamos para estudiantes"*. Me resistí un poco a eso, ya que había estado encantada de ingresar en un plan que creé para pagar mis préstamos estudiantiles en los siguientes dos años a través de los retiros automáticos que había definido. Les consulté a los distintos prestamistas con los que opero y me enteré que adeudaba U$86 000. Saldé sus pagos, y eso fue todo.

Cuando te enfocas en esa deuda, ejerces mucha presión sobre tú misma, y continúas expandiendo lo que incluso no quieres. Y cuando la pagues, manifestarás la misma cantidad de deuda de nuevo (esta es la cantidad de deuda de la que actualmente eres un paralelo vibracional).

Cuando vives, gastas, actúas, ganas y recibes desde una expectativa de *tanto* dinero que no sabes qué hacer con él, creas algo muy diferente.

Partiendo desde saber que tu deuda está disminuyendo y que ese desborde es la realidad en la que estás actualmente, reflexionemos sobre algunas de las posibles formas en que esto podría pasarte. Por ejemplo:

- Si eres como yo y eres buena en mantener un flujo de caja positivo, entonces podrías saldar la deuda a través del desborde, aumentando tus ingresos mientras decides que la deuda debe cancelarse.

- Si eres buena con los sistemas y las estructuras, entonces tal vez podrías trazar un plan para pagar $___ cada mes durante X cantidad de años.

Lo que necesito que sepas es esto: es tu creencia en el sistema, y no el sistema en sí mismo, lo que lo hace funcionar. Al creer que funciona, y que funciona para bien, podrás crear una nueva realidad. Así, comenzarás a verte como una persona que no tiene deudas y encarnar esto cada vez más. De lo contrario, este sistema simplemente se convertirá en algo que intentaste una vez y solo funcionó un corto tiempo.

Si ninguno de estos caminos es para ti, no hay ningún problema. La ley vibracional requerirá que lleves a cabo próximos pasos que te guíen a pagar tu deuda, de modo que se ajuste a tu personalidad, tu corazón y tus deseos.

Recuerda, la "forma" de reducir tu deuda no es tu responsabilidad. Como eres el paralelo vibracional de tu resultado deseado, se te presentarán todas las acciones posteriores. Es tu trabajo estar pendiente de ellas y luego implementarlas, además de *ser un complemento vibracional para aquello que quieres.*

Si no puedes imaginar un mundo donde no tengas deudas, o si sientes que es algo imposible para ti, o crees que este trabajo simplemente no funcionará... entonces no permitirás que la deuda sea eliminada. Como todo lo demás: percibe la sensación de ya tener lo que quieres. Mírala, imagínala, siéntela. Elige saber que eres digna de tenerlo, y luego atraerlo (consulta los Capítulos 2, 3 y 4). *Tu trabajo sigue siendo, y siempre será, creer.*

No hay una sola manera de pagar la deuda, y yo creo completamente que te están guiando a los pasos, la mentalidad, y las razones correctas para ti. Te animo a que te des permiso para tener claro lo que quieres y hacerlo a tu tiempo y manera.

## Cambia tus estándares energéticos en torno a la deuda

El tema es que ya he pagado todas mis tarjetas de crédito en los años anteriores, porque ya no hay modo que deje una deuda pendiente en las tarjetas de crédito, nunca más.

No puedo imaginar tenerla. Simplemente no le hago lugar en mi realidad (mis estándares enérgicos en torno a la deuda son muy parecidos al emoji de la niña con los brazos cruzados).

Pago mis tarjetas de crédito personales y corporativas cada mes.

Creo en lo siguiente: *"No importa cuánto gasto, yo gano más".*

Ahora tengo una hipoteca para la casa en la que vivo en Los Ángeles, además de mis dos propiedades de inversión. Me siento bien pagando estas cosas con el tiempo.

Como sabes, tienes un mínimo y un máximo energético respecto a todo. Tienes puntos de referencia energéticos, y tus historias limitantes, la inútil presión que sientes y tu disponibilidad hacia la deuda pueden cambiar. No nos centremos tanto en ello ni nos obsesionemos con ello, y tampoco dejes que limite tu vida. *En su lugar, decidamos qué estás destinada a tener.*

El dinero es ilimitado. Hay infinitas formas de crear más. Cuando te enfocas en cómo son las cosas, en cómo siempre han sido o el peor de los casos de lo que podría suceder a partir de ahora, no poseerás el espacio mental, energético o emocional para ver, sentir, conocer o crear la realidad alternativa que se encuentra disponible para ti.

¿Te imaginas una vida en la que tuvieras *más que suficiente*?

Piénsalo…. tener más que suficiente para cubrir TODA la deuda que tienes, y además tener un superávit en tu cuenta bancaria.

¿Cómo te haría sentir eso? ¿Puedes sentirlo en tu cuerpo ahora? ¿Sentir que se *materializa*? ¿Que es algo *seguro*? ¿Que es algo *concluido*? ¿Puedes sentir la satisfacción?

¿Puedes verte diciendo: *"¡Lo logré!"*? Ahora, eres su paralelo vibracional.

Cuando el miedo o la duda dominen tu conciencia, regresa a este momento.

## TAREA

Busca tu diario; es hora de excavar.

- **Creencias familiares.** ¿Qué te enseñaron tus padres o tu familia (a través de palabras y acciones, o la falta de ellas) sobre el ahorro? ¿Qué te enseñaron sobre la deuda? ¿Qué más te dijeron sobre el dinero? ¿Qué te enseñaron (o dieron a entender) sobre desear el dinero? ¿Y en cuanto a la inversión o el gasto? ¿Sus creencias son realmente verdaderas para ti? De todo aquello que te enseñaron, ¿qué eliges preservar? ¿Qué eliges ignorar? Haz una lista de tus creencias nuevas y afines.

- **Creencias sociales.** ¿Qué te enseñó la sociedad sobre los ahorros, la deuda, el dinero, el deseo de tenerlo, las inversiones y el gasto? De lo que aprendiste, ¿qué eliges conservar? ¿Qué eliges ignorar? Haz una lista de tus nuevas creencias afines.
- **Creencias religiosas.** Si fuera aplicable en tu caso, ¿qué te enseñó tu iglesia o sinagoga sobre el ahorro, la deuda, el dinero, el deseo de tenerlo, las inversiones y el gasto? De lo que has aprendido, ¿qué eliges mantener y qué prefieres ignorar?
- **Creencias étnicas.** ¿Hay algo sobre tu origen, tu color de piel, tu comunidad o historia ancestral que te transmita que no puedes tener dinero o que ese dinero no es seguro para ti? De lo que has aprendido, ¿qué eliges mantener y qué prefieres ignorar?
- **Creencias sobre la identidad y la capacidad**. Más allá de la sexualidad, la salud mental, la clase social, la capacidad física, la inteligencia y el género, hay muchas creencias falsas en torno a lo que es posible para nosotros que hemos creado y perpetuado en nuestro mundo. La pregunta, por supuesto, radica en qué otras creencias te han dictado que estás lista para modificar. ¿Qué eliges ahora? Haz una lista de tus creencias nuevas que se alineen contigo**.**

Toma nota de las creencias que ahora se alinean sobre el dinero, los ahorros, las deudas, las inversiones, los gastos, además de cualquier otra cosa que se te ocurra.

Modifica cada creencia hasta que se sienta realmente bien.

Desacondicionarnos y reacondicionarnos a nosotras mismas es un largo camino. Sé amable contigo misma; concéntrate en lo digna que eres. Te resultará útil identificar y celebrar cada avance, cada momento "ajá", y todas las victorias sobre la marcha.

# OCHO

........................................

# EL SIGUIENTE NIVEL EN PRÁCTICAS DE RIQUEZA

Esto es lo que precisaba cuando decidí convertirme en la *mujer rica*.

Mis prioridades cambiaron de: "¿cuánto puedo ganar y gastar?" a "¿cuánto me puedo permitir tener en distintas cuentas mientras sigo ganando y gastando?"

A partir de ahí, mi prioridad se convirtió en "¿Qué tan cómoda puedo sentirme si libero grandes cantidades de dinero de estas cuentas para inversiones, esperando reponer el dinero a través de ingresos, gastos y ahorros continuos?"

Como puedes ver, yo no estaba disponible para el sacrificio financiero que implicaba generar una expansión financiera.

Ya sabes, aprender a ahorrar dinero y estar cómoda teniéndolo demandó un tipo de vibra a largo plazo, como si fuera un trabajo en curso de mi parte. El primer paso fue aprender a recibir dinero, seguido de dejar que el dinero se acumule. Una vez que tuve dinero en mis cuentas y fui aumentando mi capacidad de creer que podría tener cada vez más (y ya no estaba dispuesta a tener menos que eso), surgió el tercer paso.

Descubrí que necesitaba trabajar para permitirme soltar o dejar ir parte de este dinero, lo que resultó ser un área de crecimiento nueva para mí.

Me había apegado demasiado a la idea de disponer de cierta cantidad de dinero en efectivo en todo momento. Es decir, no quería sacar dinero de mis ahorros.

Para que quede claro: siempre puedes querer algo. Si tu deseo es tener un cierto nivel de ingresos, ahorros, gastos o inversiones, quiero que te suceda. Aunque yo sabía que se me permitía desear y tener ciertas cantidades de dinero en mis cuentas, también sabía que deseaba convertirme en una *mujer rica*.

Para mí, la *mujer rica* es diversificada. Gana dinero de varias maneras. Dispone de muchos recursos, tanto financieros como de otro tipo. También tiene su dinero en varios contenedores (utilizo la palabra "contenedor" para referirme a cualquier instrumento utilizado para almacenar dinero, como carteras de inversión, acciones, bienes inmuebles, entre otros). Confía en sí misma para gastar, ahorrar, liberar y generar dinero. Hablemos de los posibles contenedores que pueden respaldarte:

**Cuentas de jubilación**. Yo tenía una cuenta de jubilación en la que comencé a depositar una pequeña cantidad mensual desde mis veinte años. A medida que mi negocio crecía, empecé a aportar el máximo permitido cada año.

Primero tuve una cuenta individual de jubilación (IRA, por sus siglas en inglés) del tipo Roth, que era específicamente para personas que ganan menos de una determinada cantidad anual. Cuando mis ingresos fueron mayores y dejé de calificar para este tipo de cuenta, empecé a utilizar el máximo de mi cuenta IRA ordinaria cada año.

Una vez que me di cuenta de que, al ser autónoma, prepararme para la jubilación dependía totalmente de mí (ya que no tengo una empresa que iguale mi plan 401(k)), empecé a buscar otras opciones.

Con la ayuda de nuestro buen amigo Google, me enteré de otras cuentas de jubilación con límites anuales más altos para autónomos. Así como llamé por teléfono a GoDaddy para que me ayudara a configurar mi sitio web, también llamé a Vanguard para que me asistiera en la configuración de mi cuenta individual de jubilación (IRA, por sus siglas en inglés).

Moraleja: *Nadie sabe cómo funciona nada de esto hasta que lo averigua. Búscalo en Google. Haz preguntas. Haz lo que haga falta.*

Más tarde, encontré un planificador financiero que me ayudó a crear otros tipos de cuentas de jubilación a través de mi empresa.

Aunque me sentía cómoda con este accionar, quise tener más contenedores. Quería una cuenta de inversión gestionada por un planificador financiero, además de una cartera inmobiliaria en continuo crecimiento (la persona que supervisa tus cuentas de inversión suele controlar tus cuentas de jubilación y también vigila tus participaciones inmobiliarias).

La compra de un inmueble suele requerir un pago inicial. Las cuentas de inversión ventajosas que me recomendó mi planificador financiero requerían un gran depósito inicial. Así que, para que cada una de estas inversiones se convirtiera en una parte solidaria de mi vida financiera, tuve que permitirme soltar grandes cantidades de dinero.

Temía utilizar el dinero que había ahorrado. *"¿Y si no lo recupero nunca más? ¿Y si es un error? ¿Y si es una mala inversión?"*, pensaba para mis adentros.

Aparte de soltar parte de mi dinero para pagar impuestos, nunca había visto salir grandes cantidades de dinero de una cuenta. Pero, como he dicho, la *mujer rica* confía en sí misma.

**Bienes inmuebles**. Compré mis primeras dos propiedades en mi ciudad natal. ¿Por qué? Cuesta mucho menos comprar allí que en California; conozco bastante bien las calles y los barrios, y un buen amigo que aún vivía allí se había convertido en agente inmobiliario. Podía poner toda mi energía en que esto funcionara a mi favor, y sabía que allí podía hacer compras con las que me sintiera bien.

Mi experiencia con esas dos propiedades hizo que el proceso de compra posterior de la casa multimillonaria de California me resultara mucho más sencillo (tengo un pequeño vlog en YouTube que quizá quieras ver: *"Cómo Amanda Frances manifestó su primera casa"*).

Tengo fe en que, a medida que conservo mis propiedades de inversión, los barrios se transforman y cambian de forma positiva, las viviendas se revalorizan, los inquilinos se sienten respaldados y mi dinero está seguro allí.

La idea es que cuando inviertes tu dinero en una casa, éste vive allí (en lugar de vivir en un banco) y simplemente la puedes vender en el momento adecuado para recuperar tu dinero, además del beneficio que habrás creado a medida que la casa y el vecindario se revalorizan.

En la casa de US$3,5 millones que compré en 2019, todos los días practico recordar que cada renovación que hago respaldará el valor general de la casa. Creo que estos cambios permiten a los futuros propietarios saber que esta es la casa adecuada para ellos cuando inevitablemente la venda con una alta rentabilidad.

**Bolsa de valores y cuentas de inversión**: Aunque no soy una experta en bolsa, me han aconsejado que invierta basándome en la idea de que, a lo largo de la historia del mercado bursátil estadounidense, la media tiende a subir. Aunque hay temporadas de caídas y desplomes, cuando invierto en ellas, mi intención es sobrellevar esos momentos. Al igual que en la compra de un edificio o un terreno, mi intención es no vender sin recibir mi ganancia. No vendo cuando las cosas están mal. Aunque el dinero no esté en mi cuenta de ahorros, sigue existiendo y crecerá dentro de la acción o el bono hasta que lo transfiera de nuevo a mis cuentas normales.

Mi versión de la *mujer rica* deposita dinero en esos lugares, se siente bien con él, ejerce su fe dentro de esos contenedores y avanza continuamente..

## Viste tus creencias

Decidí establecer algunas reglas sobre cómo invertir, y estos contenedores funcionan en mi caso.

Sabía que era una pareja energética por tener cierta cantidad de dinero en mis cuentas de ahorro, y *vestí* la idea de que mis cuentas volverían a esas cifras después de hacer grandes inversiones.

Sí, dije *vestí*. Porque creo que las creencias son como pantalones. Puedes probártelas, ver cómo te sientan y cómo te quedan. Puedes seguir usándolas si funcionan para ti, tu vida, tu cuerpo, tus actividades diarias, etc.

Has ido probando distintas creencias a lo largo de este libro.

Al igual que un par de vaqueros ajustados, algunas nuevas creencias resultan incómodas al principio, pero acaban funcionando para ti después de usarlas, cuando se estiraran un poco. Algunas creencias nuevas son esas calzas que pensabas que no podrías usar cuando las viste en la estantería de la tienda de yoga, pero que poco a poco se convirtieron en tus favoritas. Algunas creencias son como pantalones de vestir que hay que modificar un poco, pero que acaban encajando en tu vida muchos años después.

En lugar de contarme a mí misma la historia limitante de que tardaría mucho tiempo en recuperar mis ahorros después de una inversión o de que estaba haciendo algo arriesgado o peligroso, reflexioné sobre lo siguiente:

*¿Y si las inversiones no tuvieran que ser arriesgadas?*

*¿Y si todas mis inversiones inmobiliarias fueran siempre positivas?*

*¿Y si supiera que todas mis acciones tenderán al alza durante toda mi vida?*

Me probé estas ideas y las ajusté hasta que me quedaron bien.

Esta es mi vibración en torno a las cuentas de inversión, las cuentas de jubilación y los bienes inmuebles ahora: *"Todas mis cuentas crecen y crecen. Todas mis inversiones se están revalorizando. Es seguro liberar dinero. Es seguro convertirme en la mujer rica. Al final siempre gano".*

No estoy diciendo que tenga un control mágico sobre cada persona implicada en cada inversión que hago o en el mercado de valores, el sistema bancario o el mercado inmobiliario en su conjunto. Lo que digo es que confío en mí misma durante el proceso general de convertirme en una mujer cada vez más rica. Confío en que hago lo correcto. Confío en que si algo acabara siendo lo incorrecto, me recuperaría (ya me he recuperado en mis cuentas de inversión después de la caída que muchos sufrimos cuando empezó la pandemia).

También creo esto: La *mujer rica* siempre puede generar más dinero. Así es ella, y eso es lo que hace.

## Como de costumbre: empieza ahora, antes de estar preparada

Quiero que quede claro: aunque los bienes inmuebles, la jubilación y otras cuentas de inversión puedan parecerte un poco fuera de tu alcance, quiero animarte a que empieces a explorar distintas inversiones ahora de la forma en que te parezca bien si la expansión en este ámbito es algo que deseas.

No estoy diciendo, ni diría jamás, que estás jodida de alguna manera si no lo haces ahora… o nunca. No pienso así de la vida ni del dinero. Lo que digo es que eres capaz de explorar este ámbito antes de lo que crees.

Como he dicho antes, mi depósito inicial en mi cuenta IRA cada mes era muy pequeño. Estaba estudiando un posgrado mientras compaginaba varios trabajos y tenía préstamos estudiantiles (como ya sabes, todavía tenía deudas y muy pocos ahorros). No tenía mucho dinero extra, pero esta pequeña inversión me hizo sentir que estaba dando pasos para llegar a mi destino.

Mi primera incursión en el sector inmobiliario se dio cuando un amigo mío tenía varios inversores para un pequeño edificio de apartamentos (esto fue antes de que yo comprara alguna de mis propiedades). Él estaba aceptando montos muy bajos en dólares para ingresar. Si bien esto puede no ser común, fue divino para mí. Cada vez que hacía una lista de mis deseos en mi diario, incluía el de bienes raíces. Cuando conocí a este amigo, que tenía un grupo de inversión en un retiro, supe que era divino.

Aún me asustaba y me ponía a prueba, pero era mi siguiente paso en un área en la que deseaba crecer.

Mi primera cuenta de inversión para aprender un poco sobre el mercado de valores se creó en línea a través de un sitio web llamado E-Trade. Utilicé Google para leer sobre acciones y empecé a probar.

Estaba practicando convertirme en la *mujer rica*. Siempre practiqué para convertirme en ella.

## Un riff sobre la mujer rica

Esto es lo que dije hace poco en un livestream sobre cómo me convertí en la mujer rica y la experiencia de expandirme a la inversión:

*Me di cuenta de que necesitaba poder confiar en mí misma para soltar (lo llamo soltar porque gastar e invertir no me parecían las palabras adecuadas), y en realidad no es nada más que soltar. Es simplemente soltar un poco o mucho dinero de una vez.*

*Decidí sentirme cómoda soltando una parte del dinero con la intención plena y la confianza de que la recuperaría, aunque me asustó muchísimo hacerlo, pero cada vez que libero una gran cantidad de dinero, tengo la sensación de que simplemente estoy haciendo lo que hace la mujer rica.*

*Confía en sí misma, tanto para gastar como para ahorrar. Sabe que siempre hay más y que puede recuperarlo.*

*Confía en sí misma para funcionar a un nivel muy alto con el dinero.*

*La mujer rica juega al siguiente nivel antes de estar preparada.*

*La mujer rica se eleva a sí misma. No sabe cómo diablos va a llegar hacia donde va, ni cómo demonios va a funcionar, pero sigue adelante.*

*La mujer rica da un paso, se recompone, hace lo suyo, y cree que es suficiente para que los demás también lo crean.*

*No se achica ni culpa a los demás.*

*La mujer rica controla su propia vida.*

*Y sin embargo, es obvio que está cocreando con Dios. Trabaja con algo... como una fuerza de amor y expansión, que es mucho más grande que nosotros.*

*Ella confía en esto, y en que algo más grande trabaja a la par de ella, siempre.*

*Ella aparece, asume la responsabilidad de su vida y logra su maldito objetivo.*

El crecimiento aterra, mi amor. A menudo, jugar con grandes cantidades de dinero me resulta incómodo. No porque haya algo innatamente incómodo en ello o en cualquier otra cosa, sino porque estoy en mi nuevo límite. Las áreas que deseamos dominar o mejorar requerirán que choquemos contra los límites de lo que antes pensábamos que era posible para nosotros.

Así funciona la expansión.

Hacer compras que hoy son muy normales y cómodas, hace cinco años era algo alucinantemente angustioso. Lo mismo ocurre en los negocios y en el amor. El siguiente nivel da un poco de miedo, luego lo normalizas... hasta que estás lista para subir a un nuevo nivel.

Una y otra vez.

Y, como compartí contigo en un capítulo anterior, creo que mis cuentas se mantendrán en el rango de mis puntos de referencia energéticos sin importar las grandes inversiones que haga.

Incluso después de pagar el anticipo y los gastos asociados a mi nueva casa, junto con el pago de mis impuestos, todavía estaba por encima de mi mínimo energético en cuanto a la cantidad de efectivo que tenía disponible. Cinco meses después, había recuperado el 80 % de lo que tenía en mis cuentas antes de comprar la casa. Un año después, dispongo de más del doble del efectivo que tenía antes de comprarla (y eso después de haberme gastado *muchísimo dinero* en reformas sin recortar en ningún otro aspecto de mi vida).

*Nuestra salud financiera, nuestra riqueza y nuestra evolución están destinadas a avanzar continuamente.*

Puedes manejarlo y crecer financieramente. Serás guiada a cualquier apoyo que desees de agentes inmobiliarios, corredores, prestamistas, gestores de patrimonio y planificadores financieros (me gustaría añadir rápidamente que debes confiar en ti misma por encima de todas estas personas. Escucha sus consejos y opiniones, pero sólo haz lo que sientas que es correcto y en consonancia con tus deseos).

Depende de ti esperar lo mejor, avanzar con confianza y hacer incluso aquello que temes como una mujer rica. A medida que crezcas continuamente en tu fe y confianza en ti misma, en tu capacidad de ganar, atraer y tener dinero, y en acceder y actuar según tu intuición, te encontrarás haciendo lo que es correcto para ti.

*No existe una única forma correcta de crear riqueza o hacerse rico.*

Algunos multimillonarios alquilan casas y no dan prioridad ni valoran la propiedad. Otros ni tocan las acciones. Algunos ricachones no se centran en ganar dinero; prefieren enfocarse en multiplicar el que tienen únicamente a través de inversiones. La gente suele descubrir que prefiere una estrategia de inversión antes que otra, probando cosas en función de su trabajo, sus impuestos o sus objetivos.

Hay tantas opiniones sobre cómo crear riqueza y qué hacer con ella como Starbucks en las esquinas de cualquier gran ciudad.

No estoy diciendo en absoluto que alguna de mis "prácticas de riqueza en el siguiente nivel" sea aplicable a tu caso en particular. Tal vez desees invertir en una nueva empresa, financiar proyectos en los que crees, o quizá tu deseo es ser donante de organizaciones a las que les vendría bien tu ayuda. No tienes por qué ser propietaria o invertir en la bolsa, pero puedes hacerlo si te sientes bien con eso, si coincide con tu versión del éxito, la riqueza y el crecimiento financiero.

Lo que estoy diciendo, principalmente, es que *la expansión está disponible. La riqueza se puede mantener. Eres capaz.* Y puedes avanzar hacia todos tus deseos *ahora mismo* (incluso los que parecen fuera de tu alcance).

JODIDAMENTE RICA

## TAREA

Saca tu diario. Escribe libremente tu respuesta a cada una de estas preguntas.
- ¿Cuál es tu versión de la mujer rica?
- ¿Qué tipos de riqueza deseas tener?
- Si pudieras confiar plenamente en ti misma y dispusieras de los recursos para hacerlo, ¿qué tipo de inversiones harías?
- Más allá del gasto diario e incluso del gasto de lujo, ¿cómo deseas liberar dinero para que trabaje para ti? ¿Qué te complacería?
- ¿Qué sucede cuando haces una inversión?
- ¿Qué ocurre cuando liberas una suma de dinero, ya sea grande o pequeño?
- ¿Cómo te sentirías si tuvieras cuentas de alto interés que hicieran crecer tu dinero?
- ¿Cómo te sentirías si tuvieras una propiedad que se revalorizara clara y rápidamente?
- Si tuvieras acciones y cuentas de jubilación que siempre estuvieran creciendo, ¿cuál sería tu sensación?
- Si fueras inversora en un nuevo negocio o proyecto en el que crees, ¿qué sentirías?
- ¿Cómo te sentirías si fueras una donante generosa de una organización benéfica u organización en la que crees?
- ¿Qué otros deseos financieros tienes que aún no has admitido? Cuando llegues al final de tu respuesta, pregúntate: ¿Qué más? ¿Hay algo más? Si hubiera algo... ¿cuál sería?

Juega con alguna o todas las preguntas de la lista. Céntrate sólo en lo que te ilumina. Libérate de la presión. Siéntete capaz de tener y utilizar cantidades de dinero cada vez mayores con facilidad. Siéntete la *mujer rica*, cultivando tu próxima iteración de crecimiento. Ese es tu camino.

# NUEVE

## MENTIRAS Y ESTÁNDARES EN LOS NEGOCIOS

Desde el comienzo, me he empeñado en que este libro sea una guía de dinero y no de negocios.

Sin embargo, gracias a mis años de experiencia, sé que muchas personas que comienzan a entender estos conceptos y comprenden cuánto poder tienen sobre sus mundos financieros comienzan a ver y sentir las oportunidades de ganar dinero cada vez más fácilmente.

Las oportunidades siempre estuvieron ahí, pero ahora pueden verlas.

Ahora se sienten dignas de merecerlas, y ahora saben que pueden lograrlo.

Y aunque mucha gente utilizará los conceptos de este libro sin llegar a crear un negocio, es probable que muchas de ustedes sigan creando empresas de diversos tipos, hagan crecer las que tienen ahora o se permitan recibir dinero a través de las empresas con mayor facilidad.

Cuando pregunté a mis primeros lectores qué más querían que compartiera o enseñara, y algunos mencionaron que querían saber cómo se podían aplicar los conceptos de este libro a las empresas, al principio dudé. Pero después de leerlo, decidí que debía incluir los conceptos empresariales.

Ya sabes, soy empresaria hasta la médula. No hay nada que me guste más que la empresa que poseo o el hecho de poseerla. Es mía. La hice crecer, y es mi obsesión.

Me encanta cómo funciona y cómo sirve a la gente. Me encanta cómo la formé, lo que creo al respecto y cómo el equipo de AF y yo operamos en ella.

Mi dedicación al trabajo, mi empresa y los principios explicados en este libro han revolucionado mi vida en formas que van mucho más allá de lo que hubiera podido imaginar. Utilizarlos para iniciar y hacer crecer mi negocio ha sido más rentable de lo que jamás podría haber pensado.

Dicho esto, este es un capítulo sobre las empresas y las mentiras que nos decimos a nosotros mismos que nos limitan dentro de nuestros negocios. Algunos de estos puntos están orientados hacia el desarrollo personal y las industrias de marketing en Internet en las que opero. Algunos se aplican a empresas de todos los sectores. Todos estos principios transmiten un tono, una actitud y una mentalidad que transformarán todo a lo que los apliques.

## Mentira: El mercado está demasiado saturado

Como suelo decir: "el mercado nunca está demasiado saturado para quienes están destinados". Realmente no se trata de lo que otras personas están o no están haciendo, diciendo, compartiendo o vendiendo. Tus próximos pasos tienen que ver con lo que tú has venido a hacer.

Como ya te he preguntado, si, independientemente de lo que intentes, funcionara a la perfección en todos los sentidos... ¿qué probarías? (como de costumbre, tus deseos fundamentales contendrán las respuestas).

No importa si alguien ya está haciendo lo que tú quieres hacer. Ellos no son tú. No pueden (ni están destinados a) hacerlo *como tú*. No tienen tu sesgo, tu voz, tu punto de vista, tus historias ni tus experiencias, tus revelaciones, tus percepciones, tus enseñanzas ni tu forma de comprender.

Ni siquiera son *capaces* de hacer aquello para lo que fuiste creada.

A medida que atravesaba las distintas fases de desarrollo de mi negocio, ya había un montón de coaches de vida, coaches de negocios y "coaches sobre mentalidad monetaria".

Había un montón de gente con grandes listas de correos electrónicos y seguidores en las redes sociales haciendo cosas mucho más grandes de las que yo podía soñar, quienes ya estaban hablando de las cosas de las que yo quería hablar. Y cuando empecé a compartir las lecciones de vida, los principios y las prácticas que sabía que eran ciertas para mí, no era en absoluto obvio que la gente quisiera escuchar lo que tenía para decir. Sentí el silencio cuando empecé a publicar sobre estas cosas en Internet.

Seguí adelante de todas formas.

Ahora, tan solo unos años después, a diario recibo mensajes, comentarios y correos electrónicos de personas que me dan las gracias por aparecer y compartir mi corazón en Internet durante todo este tiempo.

La diferencia principal entre ese momento y ahora es la siguiente: me presento con confianza. Creo que lo que tengo que decir es importante y que mis dones son de gran utilidad y merecen ser compensados masivamente.

Repite conmigo: "mis dones son de alto servicio y dignos de una compensación masiva".

El Libro de Proverbios lo dice así: "El don de un hombre le hace lugar"[6].

*El Evangelio de Tomás* dice lo siguiente: *"Si sacas lo que llevas dentro, lo que saques te salvará. Si no sacas lo que hay en ti, lo que no saques te destruirá"*[7].

Da lo que tengas que dar, lo que desees dar y lo que anheles dar. Cobra por ello. Rentabilízalo. Genera dinero haciendo lo que te gusta o enseñando a hacer lo que te gusta.

Cuando se trata de cobrar por tu gran trabajo, yo creo que hay gente ahí fuera, ahora mismo, esperando por ti. Están deseando, anhelando y suplicando respuestas, explicaciones, productos e información que tú viniste a dar. Algunos ni siquiera lo saben todavía, pero lo reconocerán una vez que lo crees. Hay un mensaje, producto u oferta dentro de ti que será la respuesta a la oración de alguien.

Además, recuerda que servicio no significa sacrificio. Hazlo por ti, porque es lo que tú quieres hacer. Pero debes saber que, al hacerlo, servirás a los demás.

Cuando parecía que no funcionaba, tenía que saber y recordarme que "todo esto está apuntándome en dirección a mis sueños. Todo esto está funcionando para mí".

Resulta que todos *deseaban* lo que yo tenía para dar.

Y una vez que lo asumí, me mostré implacable y no di a nadie la opción de oír de mí mientras difundía mis mensajes por las *interwebs*, todo cobró sentido.

Rápidamente se volvió irrelevante quién más en la industria enseñó alguna vez sobre los temas que yo hago ahora o cómo prosperaban cuando yo empecé. Algunos de ellos siguen haciendo lo mismo, otros se han convertido en amigos míos, y otros desaparecieron. En realidad no importa lo que hagan los demás. *¿Qué estás destinada a hacer?*

Adentrarte en un destino que sabes siempre fue el tuyo es esencial. Convertir tu pasión en una carrera tiene el potencial de llenarte, darte un propósito y hacerte tremendamente feliz. También te hará cuestionarte a ti misma, enfrentarte a tus miedos más profundos y hacerte sentir una loca.

Hacer frente a esta vida y a este negocio no ha sido fácil, de ninguna manera, ni en lo más mínimo. Pero valió la pena.

Desarrollé mi estilo de enseñanza, mi comprensión de la marca en línea y el marketing digital, y los conceptos por los que ahora soy conocida, desarrollándolos y compartiéndolos poco a poco a medida que avanzaba en mi vida. Iba a orientarme al crecimiento de todos modos, ¿por qué no iba a enseñar todo lo que aprendí y pude comprender?

Como la mayoría de nosotros, empecé sin nada.

Como dice mi amiga y clienta Sara Dann: "Nadie nace con seguidores en las redes sociales".

Quiero decir, a menos que seas un niño o una niña con fama.

Teniendo eso en cuenta…

## Mentira: Tu audiencia no es lo suficientemente amplia

Presta atención a esto: yo vendí mi primer curso digital a 15 personas (lo que me hizo ganar US$10 000), cuando tenía el menor número de seguidores en las redes sociales de toda mi vida.

Claro que tenía mi página personal de Facebook, pero estaba llena de amigos del instituto, conocidos de la universidad y amigos de amigos que conocí una vez o a los que pedí amistad al azar en algún momento.

Sin embargo, vendí ese curso usando mi página personal de FB. Instagram aún no existía, no tenía un grupo en Facebook y nadie me seguía en Twitter o YouTube.

Esto es lo que tenía a mi favor: Comencé a publicar en Internet un contenido inspirador gratuito a diario, desde el día en que decidí poner en marcha mi negocio. Empecé publicando citas de otras personas. Luego empecé a contar historias, dar lecciones y compartir lo que estaba aprendiendo en la vida. Con el tiempo, empecé a dar ejemplos, lecciones y conclusiones gracias a mi trabajo con los clientes.

En aquel momento no sabía lo que era el branding, pero sin saberlo, me estaba creando una marca como coach de vida con experiencia en terapia y un gran interés en el desarrollo personal. Estaba enseñando a la gente cómo pensar en mí (pista: *el branding se trata de eso*).

Cuando tomé la inspirada acción de lanzar el curso digital, "Conviértete en coach de vida", la gente consideró que tenía sentido.

Mi intención no era entrenar coaches; nunca se me había ocurrido hacerlo, pero siempre quise formar terapeutas. El programa de doctorado que abandoné era de Educación de Asesoría, es decir, para consejeros que quieren educar a otros colegas.

Mientras conducía por la Interestatal 35 hacia la despedida de soltera de mi hermana menor, una semana después de sentarme en aquella piscina en la azotea y rezar la oración *"Dios enséñame a recibir dinero y enseñaré a las mujeres de todo el mundo a hacer lo mismo"*, se me ocurrió la idea de desarrollar el curso Conviértete en coach (*Become a Coach*). Esbocé los módulos en mi cabeza de inmediato, lo publiqué en Internet la semana siguiente, y el resto es historia.

Y al fin y al cabo, conseguí educar a terapeutas. Como no se les enseña mucho sobre cómo ganar dinero en la escuela, he tenido un montón de psicólogos, terapeutas y consejeros que han pasado por ese programa y hablan muy bien de lo clara que soy explicando y enseñando la parte de psicología del asesoramiento de nuestros títulos a los nuevos coaches.

Así que, en cierto modo, cuando todo estaba dicho y hecho, conseguí todo lo que quería. Logré llevar a cabo esta experiencia de ciclo completo sin seguidores en Internet. Fue el resultado de seguir plenamente a mi corazón, mantener la visión de lo que quería, pedir orientación y dar un paso inspirado a la vez...*guiño, guiño*.

## Mentira: He esperado demasiado, he perdido demasiado tiempo, no funcionará para mí

Ya que estamos hablando de que nuestra experiencia vital se aúna para conseguirnos todo lo que deseamos, tengo otra historia para contarte.

Por si no lo sabías, soy una ministra cualificada. Antes de cursar un máster en asesoramiento y comenzar el programa de doctorado que finalmente abandoné, completé un título de dos años en una escuela de formación ministerial de gran prestigio. También obtuve una licenciatura en una conocida universidad cristiana. Sí, tengo dos diplomas de la escuela bíblica.

Durante muchos años, mi intención ha sido la de ser una psicóloga (que trabaja como terapeuta en la iglesia, escribe libros, organiza seminarios y eventos, y enseña sobre espiritualidad y bienestar emocional) que empodere a las mujeres para vivir su mejor vida.

Cuando me di cuenta de que la iglesia de la que había sido miembro e interna desde mi adolescencia se estaba volviendo cada vez más controladora y aislada (hasta un punto aterrador) y ya no era un lugar saludable para mí, me escapé en mitad de la noche.

Sentí que me alejaba de Dios (PD: Dios vive dentro de nosotros, no exclusivamente dentro de una organización religiosa o en las cuatro paredes de un edificio eclesiástico). Pensé que había perdido mi salvación. Creía que lo había echado todo a perder.

No tenía ni idea de *cómo* iba a cumplir mi vocación o hacer todas las cosas que sentía que estaba destinada a hacer con mi vida. Pensaba que ya era demasiado grande para volver a estudiar y me preocupaba haber perdido tanto tiempo en cosas que no habían funcionado. Me sentía muy atrasada en comparación con la gente de mi edad que había seguido un camino tradicional en lo que respecta a su educación. Mi confianza estaba destruida, mi ansiedad por las nubes, y mi autoestima más baja que nunca.

Cuando me alejé de ese mundo, abandoné a un grupo de personas que yo sentía que era mi familia, cuestioné (por primera vez) el único sistema de creencias que había conocido y abandoné el camino en el que me había embarcado a los 16 años.

Y agradezco a Dios haberlo hecho.

Hoy soy terapeuta, facilito eventos presenciales, escribí un libro (*¡hurra!* lo estás leyendo). Doy clases sobre espiritualidad y bienestar emocional y empodero a las mujeres cada maldito día de mi vida para que vivan *su* mejor vida, y mi trabajo se parece mucho a todo lo que siempre soñé.

Solo que ahora apoyo a muchísimas *más* personas, hago cosas más divertidas, genero mucho más dinero y la paso mucho mejor de lo que podría haber imaginado (y lo hago de una manera que realmente funciona para mí, y que encaja perfectamente dentro de mi conjunto de habilidades, personalidad y deseos).

Esto no habría sido posible si me hubiera creído la mentira de que había esperado demasiado, que llegaba demasiado tarde o que de alguna manera mi pasado me perjudicaba.

*Lo diré otra vez: Todo es por tu bien. Todo está a tu favor. Todo suma para ti.* Eso no significa que las cosas terribles que pasaron en tu vida tenían que suceder, sino que ahora estás en el camino de utilizarlas para tu bien supremo. Porque así es como lo ves, esperas que ocurra y lo creas, cada día, de todas las maneras y con cada decisión, declaración y respiración.

No es demasiado tarde para ti. Llegas justo a tiempo. Hay grandes y jodidos planes para ti. Todavía puedes hacerlo.

Tienes que sentirlo, hablarlo, conocerlo y creerlo.

El momento es... ahora.

## Mentira: No sabes por dónde empezar ni cómo especializarte

Desde un punto de vista muy práctico, comprendo perfectamente que no sepas por dónde empezar.

Mi programa Conviértete en un coach experto en hacer dinero (*Become a Money-Making Coach*) y el programa Campo de entrenamiento básico en negocios

## JODIDAMENTE RICA

(*Business Basics Bootcamp*) fueron creados para compartir exactamente cómo iniciar un negocio en línea basado en servicios. Entiendo lo necesarios que son.

En otro sentido (más importante), tienes que soltar la idea de que no sabes por dónde empezar y hacer lo que te dé la puta gana. Di lo que quieras decir. Comparte lo que quieras compartir. Enseña lo que quieras enseñar.

Los distintos aspectos de tu personalidad multifacética, experiencia, especialización e intereses están destinados a salir a la luz en tu trabajo.

La mayor mentira que se les ha contado a las empresarias novatas es que deben encasillarse en un pequeño nicho, pero tú eres ese nicho. Tú eres la marca. Tú eres la lo que importa, y si quieres enseñar o hablar de más de una cosa, no pasa nada.

En mi opinión, especializarme en algo es sencillamente compartir la verdad de mi corazón y la fuerza de mi trabajo, sin pedir disculpas. Es mi deber compartir mi trabajo de tal manera que las personas que necesitan uno de mis productos, servicios u ofertas puedan reconocer que es adecuado para ellos. Más allá de mis ofertas de pago, siento que es mi trabajo compartir contenido que creo que es transformador para el corazón, que a menudo incluyen temas de política, movimientos y cuestiones de las que el encargado de relaciones públicas promedio probablemente me diría que me mantuviera alejada (el mío no lo hace). A veces, se trata simplemente de las reflexiones de mi corazón y de la canalización de lo divino. Al fin y al cabo, mi único trabajo ha sido utilizar mi voz para hacer el bien. Desde ese punto de vista, pensar demasiado en un nicho parece una tontería.

Mi consejo es que enseñes primero lo que *más* te interese enseñar. Prioriza lo que *más* quieras hacer. Y luego deja que evolucione, cambie y se expanda con el tiempo.

Eso no significa desechar por completo tu modelo de negocio y tu marca cada dos meses. Significa empezar algo, llevarlo a cabo, aprender sobre la marcha y permitirte pivotar y crecer.

*Las empresas están destinadas a evolucionar y expandirse.*

Solemos tener miedo de confundir a nuestra audiencia si compartimos demasiadas cosas. Hace mucho tiempo, decidí que mi público era lo suficientemente inteligente como para entender que soy una empresaria a la que le gusta tanto viajar como la moda, que imparte clases sobre marketing en Internet, creación de empresas, branding en línea y capacitación financiera, que a veces comparte sus reflexiones sobre las relaciones, la salud y la familia y que es probable que hable de otros temas que le apasionan a medida que surgen.

Esto sólo confundirá a tu audiencia si es confuso para ti.

Deja que lo que eres y lo que haces esté claro en tu interior. Todos los comentarios externos son sólo un reflejo de tu confianza o duda interior.

## Mentira: Debes gastar cierta cantidad de dinero para ganar el mismo monto

Se trata de una mentira muy extendida en el mundo del coaching en línea.

Según esta idea, antes de poder cobrar una determinada cantidad de dinero como coach, hay que haber "invertido" esa cantidad de dinero en un coach.

Es un disparate.

Como ya hemos comentado, no es raro que alguien gaste dinero en un nuevo nivel antes de ganar a ese mismo nivel. A veces, este pago o intercambio financiero respalda su creencia de que ahora puede recibir dinero en un nuevo nivel.

Esto no es porque Dios esté arriba en los cielos diciendo: *"no venderás un paquete de coaching de 5000 dólares hasta que hayas pagado por un paquete de coaching de 5000 dólares"*. En verdad, cuando crees que has hecho lo suficiente, te das permiso interno, y te permites recibir dinero a través de la venta de un paquete de coaching.

Muchas personas se han dejado llevar por un sistema de creencias que dice que así es como funciona. Se han permitido recibir dinero después de haber gastado y han pasado a enseñar este concepto a sus clientes, perpetuando aún más la dinámica de que esto es simplemente así.

Préstame atención: El valor de tus productos y servicios no tiene nada que ver con los productos y servicios que has comprado.

¿Puede el dueño de *Forever 21* no recibir decenas de miles de pedidos hasta que haya hecho decenas de miles de pedidos en tiendas equivalentes? No. Y con el dinero que tiene dicho empresario, lo más probable es que se pasee por *House of Bijan* comprando lo que se le antoje (en realidad no conozco a Do Won Chang ni sus hábitos de compra, pero entiendes el concepto).

Cuando mi negocio de coaching de vida presencial comenzó a pivotar hacia un negocio de educación en línea, me quedó claro que algo extraño ocurría en la virtualidad: la persona que estaba empezando cobraba US$5000 por su coaching de negocios, mientras que pagaba US$10 000 por el mismo servicio que obtenía de su coach. A su vez, esa persona estaba pagando a su coach US$20 000 por el coaching de negocios, y esa otra persona estaba pagando su coach US$50 000 por el mismo servicio, y así sucesivamente. Muchas de estas mujeres nunca habían dirigido una empresa.

Su única táctica de venta era entrar al mundo virtual y decir: "¡acabo de ganar US$10 000 en un mes por primera vez!", cuando la persona había vendido dos paquetes de coaching de US$5000. Y todos los coaches repetían que el secreto era contratar a un coach de negocios y luego se podía iniciar un negocio en el mismo rubro, lo cual era... muy extraño. Tampoco estaba muy claro qué información compartían o qué enseñaban realmente a sus clientes.

Puedo decirte que, durante la mayor parte de mi carrera como empresaria, no he tenido un coach empresarial. Cuando inscribí para trabajar con un coach en el pasado ha sido porque la forma en que una persona hacía las cosas representaba la forma en que yo sentía que debía hacer las cosas. Cuando siento que alguien "entiende" algo que yo no, quiero estar más cerca de esa persona y entender cómo piensa, actúa y funciona. En ese momento, puede que me inspire para trabajar con ellos de alguna forma.

El precio que estas personas cobran por su mentoría o coaching no tiene nada que ver con el precio que he cobrado o cobro actualmente. Durante años, cobré más de lo que jamás había pagado por una tutoría. En la actualidad, he pagado a una persona más de lo que probablemente cobraré nunca.

El coach más adecuado para ti no es el más caro, sino aquel que entiende y encarna los principios a partir de los cuales quieres dirigir tu negocio, tu vida o tus relaciones.

## Mentira: Cuanto más cobras, más trabajas

Ahora debo decirte la verdad: amo vender ofertas a distintos precios.

Ofrezco productos a precios realmente variados, que oscilan entre un curso de entrenamiento por 7 dólares y un servicio de coaching privado por US$100 000.

Puede que pienses que cuanto más cobres, más se espera de ti, pero he descubierto que es todo lo contrario. Considero que trabajo poco para mis clientes privados (los que pagan por la tutoría individual conmigo) y para aquellos en mi *mastermind* (un pequeño grupo de mujeres que tiene un chat grupal para apoyarse mutuamente y también recibir mi retroalimentación u orientación).

Mis clientes privados tienen la opción de conversar conmigo en forma privada telefónicamente una vez por semana, mientras que mis clientes *mastermind* pueden contactarme a través del mismo medio pero una vez al mes. Estoy disponible para ambos grupos mediante una aplicación de chat en línea. Curiosamente, estas personas rara vez realizan las llamadas incluidas en el servicio.

Quienes trabajan en niveles superiores y pagan más suelen ser los que menos asistencia necesitan. Esencialmente, están pagando por tener acceso a mí para cuando lo necesiten, pero a menudo están ocupados dirigiendo sus negocios y viviendo sus vida, y no han llegado a donde están (muchos son millonarios o multimillonarios) por ser escandalosos, necesitados o codependientes de sus mentores.

Ahora bien, eso no quiere decir que los que compran un entrenamiento de 11 dólares o un paquete de vídeos de 197 dólares sean clientes difíciles. Pero si echamos un vistazo a los porcentajes, podremos ver que las personas que gastan más dinero confían en sus compras y son mucho más equilibradas.

## Mentira: Los clientes y los negocios son difíciles, y el drama es inevitable

Como nos ha pasado a todos, por supuesto que he tenido clientes complicados.

Además de la información que compartí en última sección sobre los rangos de precio que cobro, he aprendido que lo complejos que pueden ser mis clientes depende principalmente de mí.

## JODIDAMENTE RICA

Hubo un tiempo en el que estaba tan desesperada por demostrar que podía hacer que mi negocio funcionara que aguantaba cualquier comportamiento o tontería de cualquier persona que me hubiera pagado por algo. Obviamente, ya no.

Pero quiero que comprendas que esta dinámica cambió mucho antes de que tuviera dinero; ocurrió a medida que comencé a valorar mi tiempo y energía y logré establecer nuevas expectativas respecto al modo en que aparecían los clientes.

De forma parecida a los puntos de referencia energéticos de los que hablamos en el Capítulo 3 sobre el dinero, la forma en que te trata la gente tiene que ver con tu energía. Yo los llamo *límites energéticos*, que simplemente son mis normas internas sobre cómo me tratan los que me rodean.

De todas formas, es muy, muy, muy raro que tenga que ponerles límites a las personas que son parte de mi mundo. En cambio, los establezco internamente. Yo decido cómo me va, cómo voy a ser tratada, qué tipo de clientes quiero y me abro a atraer, entre otras cuestiones.

Esta decisión sobre cómo me ven, me tratan y me respetan va mucho más allá de los clientes. Puedo ver, sentir y percibir la forma en que la gente se comunica conmigo o con mi equipo a través de mensajes directos en las redes sociales o correos electrónicos dirigidos a mi equipo de asistencia.

Para ser clara: en general, la gente no se mete conmigo. Algo en mi campo energético dice: "no estoy disponible para que me fastidien". Esta norma, decisión y expectativa les informa a los demás cómo debe ser su actitud al interactuar conmigo. Aunque, por supuesto, he experimentado temporadas de fuertes dudas y momentos de incredulidad interna en los que dejé que el ruido y las tonterías entraran en mi mundo. Atraje drama innecesario y simplemente lo manejé lo mejor que pude mientras reajustaba mis normas.

Si has permitido que te pasen por encima, te menosprecien, te intimiden y te consideren una persona débil, está bien. Estás a tiempo de cambiarlo.

Empieza por decidir qué tipo de clientes se sienten atraídos por su trabajo y qué tipo de normas comunitarias estás creando. Ponte firme. Establece tus expectativas sobre cómo serán tus interacciones con los clientes potenciales. Decide que la gran mayoría de las veces, cuando la gente te consulta por tus servicios, ya ha decidido inscribirse y pagar. Decide que a la gran mayoría de los clientes y estudiantes de tus programas les encanta pagarte y son constantes en sus pagos.

Utiliza el proceso y los principios de este libro para sentir, imaginar y luego crear esta realidad.

## Mentira: Es necesario realizar estudios de mercado

Esto a menudo irrita a otros vendedores en línea, pero tengo que ser sincera contigo: muy rara vez sondeo a mi audiencia.

Recibí muchos comentarios interesantes luego de escribir lo siguiente en 2017:

*Cuando escucho que un coach o experto dice que hay que encuestar a la audiencia para saber qué crear o vender en tu negocio, me pregunto cómo experimentan las realizaciones o propósitos.*

*No viniste aquí para crear lo que tu audiencia cree que quiere.*

*Estás aquí para conocer tu alma, escuchar tu verdad y crear lo que sientes que has sido llamada, atraída, guiada y destinada a hacer.*

*Mi audiencia no tiene forma de saber lo que necesita de mí porque eso aún no existe. No existe porque no he ahondado en mi verdad ni la he traído al mundo aún. Y nunca existirá si me la paso creando cosas genéricas que las personas creen que quieren porque todavía no han desarrollado su empresa, por lo que es imposible para ellos saber qué se necesita para lograrlo.*

*TÚ eres la experta. Eres la experta en tu contenido y en lo que sabes.*

*He desarrollado un negocio de varias cifras al año, ¿no?*

*Me he ganado un público fiel, ¿no?*

*Llevo una vida en la que viajo por el mundo y hago lo que quiero, sin restricciones, ¿no?*

*¿Quién sabe cómo hacer todo eso? Yo.*

*¿Quién no sabe hacer esas cosas o no sabe lo que necesita saber sobre esas cosas? Todas las personas que aún no lo ha hecho.*

*Literalmente, tu público no está cualificado para decirte lo que necesita aprender de ti.*

*No estábamos capacitados para saber que un iPhone revolucionaría nuestras vidas hasta que alguien fabricó uno.*

*No estábamos capacitados para saber que los coches o la fontanería eran necesarios en la vida hasta que alguien que sabía lo que nosotros no sabíamos nos lo enseñó.*

*Preguntarle a tu audiencia qué quiere que crees, enseñes o hagas implica, literalmente, dejarte llevar por fuerzas externas de seres humanos que no saben a qué te dedicas.*

*Sintoniza con tu corazón.*

*Alinéate con tu objetivo.*

*Crea tu mensaje y contenido basándote en tu verdad.*

*Pide orientación. Actúa.*

*Comparte tu corazón con el mundo, todos los días.*

*El momento es ahora.*

*Repite conmigo: es seguro seguir a mi corazón y mi llamado divino. Profundizo en mi verdad y creo lo que realmente he venido a dar.*

Han pasado algunos años desde esa publicación, y debo decir que definitivamente estaba en lo cierto. Todavía hoy me siento así.

Mi advertencia sería que a veces hago encuestas en línea como una forma de crear compromiso en las redes sociales, como el uso de la función de votación de las historias de *Instagram*, pero nunca permitiría que los comentarios de mi comunidad en línea anularan mi corazón.

Mi guía interna dicta mi siguiente paso.

A continuación, una pequeña cita de Steve Jobs:

*Algunos dicen: "hay que darle al cliente lo que quiere", pero ese no es mi enfoque. Nuestro trabajo es averiguar lo que van a querer antes de que lo hagan. Henry Ford dijo una vez: "si hubiera preguntado a los clientes qué querían, me habrían dicho que un caballo más rápido". La gente no sabe lo que quiere hasta que se lo muestras. Por eso nunca me fío de los estudios de mercado. Nuestra tarea es interpretar qué es aquello que aún no existe".*[8]

## Mentira: La burbuja del coaching estallará

Como expliqué anteriormente, cuando comencé en el mundo del coaching en línea, sucedían cosas muy raras. Algunas de ellas, obviamente, tuvieron que ser eliminadas.

De esto estoy segura: Todos siempre dese-aremos recibir servicios de mentorías, coaching y orientación. Las personas pueden recibirlos de varias maneras en distintos momentos, pero no puedo imaginar un planeta donde la gente no busque mentores, coaches, maestros, asesores, consultores, etc.

Al igual que todas las industrias, el sector de coaching crecerá y cambiará, y se seguirán eliminando muchas tonterías. Se demostrará que existen métodos y estrategias poco éticos. Y si bien los farsantes desaparecerán, el mundo del desarrollo personal o la autoayuda llegó para quedarse.

## Mentira: Cuando te pagan, estás "tomando" dinero de otros

Lloré hasta quedarme sin lágrimas la primera vez que alguien me pagó por mis servicios de coaching. No era mucho dinero para ellos, podían permitírselo y estaban encantados de pagarlo.

Se trataba de mí, y del hecho de que tenía muy poca práctica recibiendo dinero por el trabajo al que me sentía llamada. Me sentía muy culpable por recibir dinero por algo que me resultaba tan natural.

Por supuesto, muchísimo ha cambiado desde entonces.

Hoy en día, no creo que automáticamente tengamos menos cuando elegimos gastar dinero. Creo que a menudo tenemos más.

A través del acto de gastar o invertir dinero, simplemente intercambiamos dinero por algo que deseamos.

Como ya he compartido, la forma en que gastamos el dinero y lo que creemos que ocurre cuando lo gastamos puede generar diversos resultados. Una opción es gastar sabiendo que se dispone de más, mientras que la otra consiste en gastar como una declaración de en quién te estás convirtiendo y hacia dónde vas. Otra alternativa es gastar dinero que crees que te ayudará a ganar, generar y recibir más.

De este modo, nadie pierde al pagarte. Sencillamente intercambian dinero por acceder a ti, a tu producto, a un servicio que has creado, o a una necesidad que satisfaces.

Tus clientes pueden utilizar los recursos, la sabiduría, la energía, la información o la presencia que tú les proporcionas a cambio de dinero.

Es su elección, y tienen derecho a elegir lo que les hace sentir bien.

Personalmente, animo a todos mis clientes y estudiantes a seguir su corazón y confiar en su propia guía interior cuando escogen comprar uno de mis programas. Y confío en que lo harán. No les cuestiono sobre lo que se han sentido inducidos a comprar ni me cuestiono el valor de lo que he creado, y no creo que les esté quitando nada cuando deciden matricularse en uno de mis cursos o trabajar conmigo en otra capacidad. Simplemente les brindo algo que desean.

Como ya he dicho alguna que otra vez: "dejo que la gente me pague. De nada."

## Mentira: Eres responsable del resultado de tu cliente

Tu cliente es la única persona con autonomía o autoridad sobre su vida. Es la única persona capaz de crear cambios en su propia vida.

Sí, puedes brindarle tu apoyo, dirección y orientación.

Sí, puedes serle extremadamente provechosa, ir más allá y cumplir con creces.

Sí, preséntate con integridad. Haz y cumple con lo que dijiste que harías.

Sí, sí y sí. Haz lo correcto. Sé buena en tu trabajo. Haz tu parte.

Esto no te convierte en la persona responsable de las vidas o los resultados de tus clientes.

Cada persona es responsable de sí misma.

Demuestra, a través de tus propias decisiones, orientación y acciones, lo que significa rendirse cuentas a uno mismo, estar a disposición como dijiste que lo harías y asumir la responsabilidad por ti misma.

También quiero decir lo siguiente: *Considero que tanto mis clientes como yo somos capaces.*

Creo que cuando vemos la capacidad de alguien, le damos poder. Les permitimos confiar en sí mismos, tomar las medidas adecuadas y avanzar por su propio camino.

Cuando no confiamos en que las personas harán las cosas bien o que no pueden hacerlas por sí mismas, a su tiempo y a su manera, y buscamos intervenir o actuar por ellas o controlar su forma de hacer las cosas, en realidad les estamos quitando poder.

Tanto si nos referimos a clientes, parejas sentimentales, hijos o miembros del equipo, he descubierto que esta filosofía transforma las relaciones, los negocios y la confianza en uno mismo. Es la práctica de ver a las personas en nuestras vidas como innatamente dignas y profundamente capaces.

Confío en la capacidad de los demás, en que pueden crear su propio camino. No creo que mi camino sea el único. Les doy espacio para que descubran lo que les funciona. Me encanta explicarles lo que me funciona a mí y cómo he conseguido exactamente las cosas que he conseguido, pero no necesito que hagan las cosas a mi manera para demostrarles que soy una buena coach.

Confío en mis clientas cuando emprenden su viaje. Estoy a su lado cuando me necesitan. Les doy poder para que se sientan más seguras y confíen más en sí mismas, y les permito convertirse en las mujeres que están destinadas a ser.

Estoy a su disposición, pero no soy responsable de ellas, porque sé que son capaces.

## Mentira: Debes realizar llamadas de descubrimiento

En el ámbito del coaching en línea existe la idea de que hay que hacer una "llamada de descubrimiento" con todos los clientes potenciales para que te paguen. Durante esta llamada se supone que debes "desarmar sus objeciones", lo que básicamente significa convencer a alguien para que trabaje contigo.

Ahora bien, hace mucho tiempo que no me pongo en el rol de convencer a alguien para que trabaje conmigo. La mayoría de mis clientas y yo renunciamos a estas llamadas hace mucho tiempo.

Cuando se trata de llamadas de descubrimiento, me he dado cuenta hace unos cuatro años que cada persona con la que conversaba por teléfono para contratar mis servicios de coaching privado o unirse a mi *mastermind* ya había decidido trabajar conmigo antes de que empezara la llamada. Al darme cuenta, pensé: *¿qué diablos hago yo en estas llamadas?*

Existen muchas otras opciones.

Puedes crear una aplicación que trabaje a la par tuya. Puedes publicar esta solicitud en tu sitio web, en las redes sociales o enviarla por correo electrónico. Después de revisar las solicitudes recibidas, puedes responder a las preguntas que la persona tenga por correo electrónico.

Otra posibilidad es mantener una charla rápida a través de mensajes de texto y voz en las redes sociales para determinar si el cliente y tú son una buena combinación.

En cualquiera de estos escenarios, puedes concluir simplemente que las personas adecuadas para tu trabajo aparecen seguras de que desean trabajar contigo y están dispuestas a pagar antes de que tengas noticias suyas. Entonces pueden ponerse en contacto, hacer las últimas preguntas, recibir un enlace de pago y empezar.

Globalmente, mis clientas confían en sí mismas. Yo confío en mi misma, y realmente estamos demasiado ocupadas para tener repetidas e innecesarias conversaciones telefónicas.

Por supuesto, a algunas personas les gusta hablar por teléfono para conocer al cliente. Aunque lo entiendo, también puedo hacerlo enviando y recibiendo breves mensajes de texto o de audio.

Si quieres saber exactamente lo que pienso sobre la mejor manera de que te pague mucha gente continuamente y con facilidad, es algo así: crea una presencia en línea, un corpus de trabajo y una reputación que sean tan atractivas y convincentes que la gente no pueda evitar querer formar parte de tu mundo, pagarte con gusto y volver continuamente por más.

Así vivo.

## Mentira: No sabes cómo fijar tus precios

Lo he dicho durante muchos años: hay clientes para todos los precios. Para cada trabajo o servicio en el mundo hay una amplia gama de precios potenciales.

Hay personas que solo compran bienes y servicios rebajados, mientras que otras buscan el mayor precio, la más alta calidad y nivel de apoyo disponible, y otras se sitúan en un punto intermedio.

Algunas personas solo compran en Walmart, y otras se sienten muy cómodas en Harry Winston.

Como dueña de tu propio negocio, fijar un precio para tus bienes y servicios nunca consiste en encontrar un precio mágicamente perfecto. Se trata de elegir un precio en el que puedas creer y que respalde con confianza el trabajo que ofreces, orientado al tipo de cliente al que deseas satisfacer.

Me encanta crear ofertas a distintos precios.

La siguiente frase no es una regla rígida, pero me ha servido de guía: cuanto más acceso a mí tenga una persona y más tiempo y energía tenga que dedicarle al trabajo que hacemos juntos, mayor será el precio.

## Mentira: Así no se hace en tu sector

Al diablo con lo que siempre se ha hecho en tu sector. Si yo hubiera prestado atención a lo que sucede en la industria, sería la presentadora de seminarios web que llevan a embudos aburridos y tontos, amparándome en socios con grandes listas para vender por mí, y además dependería tanto de los anuncios de Facebook que apenas sería rentable. Así era un hombre con el que salí, que contaba que ganaba US$900 mil al mes pero gastaba US$600 mil en anuncios de Facebook, además de pagarle a un equipo muy grande. Luego de tratar de convencerme de hacer las cosas a su modo, lo miré y le dije: "Comprendes que yo tengo más dinero que tú, ¿no?".

¿Sabes lo que hice en lugar de eso? Cambié el tono de la forma de hacer las cosas en mi sector. Lo hice a mi manera. Confié en compartir mi corazón (y crear contenido gratuito) como mi forma de atraer e involucrar a las personas que estarían interesadas en lo que tenía para decir.

La idea de los seminarios web me daba ganas de morirme, así que en su lugar creé "eventos en directo". Los embudos me parecían un drama, así que rara vez los creaba. En cambio, lanzo todos mis cursos a través de inscripciones abiertas en directo (tengo un curso digital llamado Vende desde tu alma -*Sell from Your Soul*- que desglosa esto).

Nada de lo que hice fue porque sea una forma fundamentalmente mejor. Lo hice porque es lo que quería hacer. Y allí donde te guíe el deseo (y el corazón) siempre tendrás la motivación y el impulso para hacerlo.

Lo hice a diario, a mi modo, y ahora miles de personas admiran el método Amanda Frances de hacer las cosas. Me convertí en una industria, y al hacerlo, redefiní un sector.

Es mucho mejor que intentar emular a un imbécil del marketing en Internet que bien podría tener escrito en la frente: "No confíes en mí. Ni siquiera yo lo hago".

## JODIDAMENTE RICA

Hablando de eso, me dedico a un sector en el que los índices de reembolso y de pagos fallidos suelen ser extremadamente altos. Esto es cierto incluso entre algunos empresarios muy conocidos que presumen de lanzamientos de ocho cifras.

Recuerdo cuando decidí que ese nunca sería mi caso.

Aunque a veces puedo experimentar faltas de pago y devoluciones, para mí no son tan habituales como se podría esperar. El primer año que gané US$500 mil, sólo una persona se retrasó en sus pagos a finales de año (de hecho, me escribió unos meses más tarde para arreglar las cosas), entre cientos de clientes y estudiantes del curso. Al año siguiente, AFI generó US$1,5 millones y solo menos de diez personas eran morosas al finalizar el año.

Y sí, a medida que la empresa crece, he tenido que aumentar mi equipo de atención al cliente para ayudar a los clientes y estudiantes en la actualización de su pago cuando su número de tarjeta de crédito cambia o expira, o cuando tienen algún otro tipo de problema con su pago recurrente, pero esto no es la gran carga que muchos dueños de negocios en línea hacen que sea.

La razón es la siguiente: cumplo con lo que digo que brindaré. Soy consistente y confiable, y espero lo mejor de las personas que ingresan a mi mundo.

Aunque ahora hay miles de personas inscriptas en los cursos que ofrece mi compañía, la gran, gran mayoría de ellas desea cumplir con sus compromisos sin perder la buena relación con mi empresa, y recibir acceso continuo y actualizaciones de por vida a los cursos en los que se inscriban (así es: una vez que pagan por el programa en el que desean inscribirse, reciben cada actualización del curso… para siempre. Es una buena motivación para aquel que desea aprender y crecer siempre, que es el caso de la mayoría de la gente en mi mundo).

Que algo sea habitual en un sector no significa que tenga que serlo en tu realidad. Sea cual sea, te animo a que te conviertas en la nueva norma de cómo se hacen las cosas.

Hazlo a tu manera. Hazlo mejor. Hazlo con confianza.

La gente verá que funciona, y por qué, y todo el resto no será más que ruido.

Y luego comenzarán a tomar nota.

## Extra: El marketing en Internet, simplificado

La única forma de que la gente puede saber quién eres y a qué te dedicas es que tú se los digas.

Se los dices con palabras y con imágenes.

Se los dices con historias, y a través de tu energía.

Se los dices mediante lo que enuncias y compartes, y el modo en que vendes.

Tú se los dices, una y otra vez.

Continuamente se los dices a través de la famosa "Internet".

Los magnetizas con tu autenticidad, convicción y decisión.

Ellos te oyen, se identifican contigo, y desean trabajar a tu lado.

Comienzan a conocerte.

Y luego compran tu producto o servicio. Es así de simple.

Repite conmigo: Magnetizo a otros a mi mundo con confianza y convicción. Atraigo fácilmente a aquellos que necesitan lo que tengo para dar. Mi trabajo cambia vidas, y mi presencia también. Quién soy y cómo soy cambia vidas. Estoy aquí para servir. Comparto desde mi corazón. Vendo desde mi alma. Me sale naturalmente.

## Mentiras: Vender es algo sucio, egoísta e incorrecto

La cosa es así: La venta es el vehículo sagrado a través del cual adentramos a las personas a nuestro trabajo.

A través de la venta, podemos hacer llegar a la gente el contenido, los bienes o los servicios que desean, a la vez que recibimos una compensación por nuestros dones.

No hay nada vergonzoso en atraer, compartir y vender tu trabajo a quienes lo necesitan.

Creo en el arte conmovedor de vender, y creo en ello con todo mi ser.

Vender no se trata de ser insistente, manipulador o persuasivo, ni de convencer a alguien de comprar algo que no necesita (¡eso es repugnante!).

Vender es comprometerte con tu vocación.

Soy famosa por crear y vender programas que ayudan a las mujeres a ganar dinero.

Aunque he lanzado docenas de productos y servicios que generaron seis cifras cada uno e incluso he tenido dos lanzamientos de siete cifras... no me siento una vendedora.

Me siento como una mujer en una misión con una vocación que tiene trabajo que hacer y gente a la que llegar.

Para mí, vender es sencillamente dar a conocer a otros cómo puedo ayudarlos.

Vender es la manera de darles a las personas la oportunidad de sentir mi respaldo.

Vendo con mi corazón, mi pasión y mi autenticidad.

Vendo aprovechando mi verdad, creando ofertas inspiradas y compartiendo con el mundo cómo mi trabajo puede ayudarles.

Vendo atrayendo y compartiendo lo que tengo para dar con quienes lo necesitan.

## Extra: Cómo lidiar con los *haters*

El principio que necesito que comprendas es el siguiente: Las cosas que la gente dice de ti te molestan mucho más cuando temes que sean ciertas.

Cuando alguien dice algo disparatado sobre ti y sabes que es una tontería, podrás restarle importancia mucho más fácilmente, pero cuando oyes algo de tu persona que te da miedo, culpa o vergüenza, reaccionas de otro modo.

Lo más importante que puedes aprender a hacer para lidiar con los comentarios negativos (o incluso con el odio en Internet) es enfrentarte a las inseguridades que el odio suscita en ti.

Lo segundo que quiero decirte es que puedes utilizar todas las experiencias negativas, el conflicto y la incomodidad a tu favor. Eso no significa que fueran a suceder o que tengas que crecer y llegar a tu siguiente nivel superando una situación de lucha.

Como dije anteriormente, "la historia de una víctima no es necesaria para crear una historia de éxito".

Durante muchos años, atraje situaciones en las que aparecían *haters* de forma repetida. Estas situaciones horribles me daban algo nuevo que superar, a la vez que me proporcionaban motivación, o combustible, para elevarme a un nuevo nivel de confianza, convicción e influencia (esto era agotador).

*Logras crecer y subir al siguiente nivel simplemente porque decides hacerlo, sin tener que luchar.*

Sin embargo, si la lucha es inevitable, más vale convertirla en oro.

Lo segundo que quiero que entiendas es que ser amada es un lugar seguro.

Ser amada en Internet es seguro. Ser amada por una gran cantidad de personas es seguro.

Es seguro aceptar y recibir ese amor.

Es seguro (y posible) vivir una experiencia en línea mayormente libre de conflictos si eres alguien que llama la atención.

Algunos emprendedores en línea crean involuntariamente una dinámica en la que el conflicto, la controversia y la combatividad se utilizan para atrapar al público y recibir el cariño de los fans que los defienden.

La verdad es que simplemente te aman. Punto final.

## TAREA

¿Qué te ha aportado este capítulo?

¿Qué creencias limitantes en tu vida o historias sobre ti y tu empresa ha sacado a la luz este capítulo? Reorganicémoslos.

1. Anótalas en tu diario, teléfono o computadora.
2. Pide ayuda u orientación para reorganizarlas. Es hora de replantear estas ideas. Si no sabes cómo hacerlo, simplemente escribe o di: "estoy disponible para un cambio en mi perspectiva. Estoy abierta a la guía en mi camino hacia la abundancia. Doy la bienvenida a pensamientos e ideas que me apoyen profundamente."
3. Escribe nuevas historias y creencias más favorables que reemplacen a las antiguas

Continúa escribiendo en tu diario:
- ¿Qué otras moralejas de este capítu-lo te gustaría consolidar en tu con-ciencia?
- ¿Y de este libro en su totalidad?
- ¿Algo más?
- Si hubiera algo más, ¿qué sería?
- ¿Qué necesitas declarar ahora mismo respecto al modo en que la vida, el dinero y el negocio funcionan para ti?

# DIEZ

..................................

## SER UNA PERSONA RICA + SER UNA BUENA PERSONA

Estoy experimentando un sinfín de sentimientos al sentarme a escribir los dos últimos capítulos de mi primer libro.

Me siento orgullosa, alegre y entusiasmada, y me siento abrumada y ansiosa. Más que nada, ahora mismo, me siento en conflicto.

En tiempo real, estamos en abril del año 2020 y la pandemia de COVID-19 ha tomado al mundo por asalto.

La economía se ha resentido, mucha gente se ha quedado sin trabajo y nunca había sido tan consciente de las ventajas que me da el dinero.

Ayer, en una videollamada con mi familia, dije: "durante nueve capítulos he hablado de dinero: ganar dinero, ahorrar dinero, tener dinero, gastar dinero. La mayor parte ha salido de mí. Ahora que me quedan pocas páginas para terminar, no puedo dejar de pensar en lo mal que lo están pasando las personas que no tienen nada. Pero también sé que aquellos con los que he trabajado (que ahora tienen una relación sana y solidaria con el dinero) están experimentando una sensación de seguridad en medio de una crisis global".

"Sé que este trabajo es preventivo, y si hubieran conocido antes qué es lo que enseño, podrían estar hoy posicionados para el éxito. No se trata sólo de manifestar dinero, se trata del futuro para el que te estás preparando continuamente y de la seguridad y confianza que te sirven, independientemente de lo que esté pasando en el mundo".

Mi hermana, que ha ido leyendo cada capítulo a medida que los escribía, proclamó: "Absolutamente".

Luego, mi madre dijo: "Amanda, eso es lo que debes decirles".

## Te cuento la verdad

En todas las páginas anteriores a ésta, he explicado los principios, desglosado las verdades y abierto mi corazón con respecto a revolucionar tu relación con el dinero.

Sé que algunas lectoras ya estarán listas para recibir esta información y actuar en función de ella, y disfrutarán de resultados increíbles. Sé que otras no lo entenderán tan rápido. Puede que la cuestionen, la prueben por partes y la asimilen poco a poco. Otras pueden directamente despreciar este libro, burlarse de él y considerarlo una tontería.

Ninguna de esas opciones es mi responsabilidad.

Puedo brindarte las herramientas, la comprensión y la base para una vida llena de hermosas experiencias con el dinero, pero solo tú puedes elegir que esa información y energía penetren en tu corazón, conformen tu energía y te permitan rehacer tu vida.

Cuando me disponía a concluir el libro, pregunté a mis primeras lectoras cómo les iba con el contenido y si querían preguntarme algo.

Hubo una pregunta que se repitió bastante, y sentí que había que abordarla.

La pregunta se formuló de varias maneras, pero es más o menos la siguiente: "Quiero saber más sobre lo que se siente al tener dinero. ¿Puedes hablar de gastar cantidades obscenas de dinero? ¿Cómo es ir a Chanel y comprar lo que quieras? ¿Cómo es volar únicamente en primera clase? ¿Cómo es tener un armario lleno de zapatos Louboutin? ¿Cómo es vivir sin preocupaciones? ¿Cómo es poder permitirte cualquier ayuda que necesites? ¿Qué se siente ser rica?".

Me entusiasma responder a esta pregunta, pero antes quiero comentar algunas cosas. La respuesta completa la daré en el último capítulo.

La pandemia me hizo ser consciente de que ser rica no siempre es ser popular. El otro día tuve una pequeña discusión con mi madre sobre un director general que pasaba tiempo en su yate. Mi madre preguntó: "¿Por qué él puede ser multimillonario mientras la gente muere en la calle?".

Mi respuesta fue: "Mamá, por lo que entiendo, cuando él empezó no tenía nada".

Este multimillonario en particular nació de una familia de inmigrantes, triunfó aunque padecía dislexia y empezó su carrera en el departamento de correo de una agencia de talentos. Ascendió durante décadas, descubrió y contrató a artistas increíbles, nos trajo la música de los Eagles, Joni Mitchell y Bob Dylan, lanzó dos sellos discográficos, produjo películas legendarias, ocupó el primer puesto en una lista de los cincuenta hombres y mujeres homosexuales más poderosos del mundo y, desde 2004, ha donado el 100 % de sus ingresos a obras benéficas por un valor de cientos de millones de dólares.

Luego le dije: "Puede sentarse a descansar en su yate si lo desea".

No quiero decir que una parte del dinero de alguien sea mejor invertida en un yate (no siento que yo sea la indicada para decir qué es lo mejor para otros en términos de su dinero). Lo que digo es que existe un equilibrio entre recordar la contribución, la batalla y la creación de aquellos que consideramos diferentes a nosotros. En mi mente, contar con los recursos para acoger el lujo, celebrar la vida y disfrutar del éxito a través del trabajo que amamos mientras realizamos contribuciones significativas es un noble objetivo.

Recuerda: El dinero no es limitado, y nosotras tampoco lo somos.

Si nunca te has considerado una persona "rica" o sentido que la riqueza es una posibilidad real para ti, puede que involuntariamente juzgues a todo aquel que imaginas que recibió esa realidad fácilmente. Entiendo de qué se trata; he batallado con juzgar a otros que creía que disfrutaban de un éxito financiero por obtenerlo fácilmente o tenerlo "servido". He juzgado a gente que no tenía la necesidad de trabajar ("niños ricos" y "bebés de inversionistas").

No son aspectos bonitos de mi personalidad, pero te lo menciono para decirte lo siguiente: es fácil adoptar una mentalidad de "nosotros contra ellos" cuando crees erróneamente que un grupo de personas es innatamente diferente de ti en su esencia. Todos nosotros llevamos dentro amor, verdad y a Dios. Nuestras disfuncionales formas de ser no son la verdad última de lo que somos: son mecanismos de supervivencia que establecimos para sentirnos seguros en un mundo impredecible.

He aquí una ocasión en que mi fealdad salió a la luz: hace unos años, estaba en un largo vuelo internacional en primera clase. Era casi la hora de desembarcar cuando me fijé en una mujer de más o menos mi edad que cruzaba el pasillo y se levantaba para sacar su equipaje de diseño del compartimento superior. En su mano izquierda brillaba un anillo enorme, como de 20 quilates.

No podía parar de juzgarla: *"no hay forma de que se haya pagado el vuelo ella sola. Uf, ese anillo... seguramente tampoco lo compró ella. ¿A qué se dedicará su prometido? O seguramente venga de una familia adinerada. Si es que tiene un trabajo, debe ser una de esas mujeres que trabajan por diversión".*

Después de pensar así durante aproximadamente 45 segundos, me tranquilicé. *"¡Amanda! No tienes idea de quién compró su pasaje aéreo. Tú misma has pagado este vuelo, ¡y quizá ella también! E independientemente de quién lo haya comprado, como realmente deseas tener una relación amorosa, y no te importaría un comino si un hombre te regala* un vuelo y un anillo, *debes dejar de juzgar a una extraña en un avión porque parece tener lo que tú deseas".*

Despreciar a la gente porque tiene lo que tú deseas es una manera muy efectiva de juzgarte a ti misma por no tener lo que quieres.

Juzgar a la gente por tener dinero es una forma muy eficaz de rechazar el dinero.

Si crees que los ricos son codiciosos, malos, egoístas o errados, no te permitirás convertirte en una de ellos.

Si pienso que está mal nacer en una familia que goza de una situación financieramente próspera, voy a construir relaciones o dinámicas complicadas con mis futuros hijos.

En mi vida financiera, he descubierto que una de las cosas más útiles que puedo hacer es liberar la dualidad en torno a lo que quiero. Cuando queremos lo que queremos, nos permitimos quererlo, abrazamos que lo queremos, aceptamos que lo queremos y determinamos hacer el bien con ello cuando lo recibimos... nuestra energía es potente. Tenemos confianza y seguridad. Nuestras atracciones intencionales y no intencionales se magnifican. Estamos limpias en nuestro interior.

Escribí la siguiente publicación en *Facebook* hace unos años:

*Cosas que no son compatibles: juzgar a la gente por cuánto gasta en ciertas cosas cuando en realidad quisiéramos tener lo mismo.*

*Te va a costar saber que mereces todas esas cosas, atraer dinero para eso y comprarlas, si te crees el relato de que es malo o incorrecto tenerlas. No es malo o incorrecto tener cosas. Las cosas son sólo cosas, y cuestan dinero.*

*Y puedes elegir crear una relación con el dinero que te respalde para que logres tener aquello que deseas... o puedes juzgar a los demás y elegir creer que está mal que ellos tengan esas cosas.*

*El problema no es un bolso de mano, sino la dualidad en nuestras mentes que se crea y perpetúa por no ser dueños de nuestros deseos.*

En retrospectiva, no juzgué a los padres ricos de mis amigos, sino que los observé. Decidí que podía parecerme a ellos en todo lo que quisiera y, al mismo tiempo, rechazar cualquier cosa fea de sus vidas y personalidades que no deseara.

*Durante gran parte de mi vida el dinero fue un problema, pero hoy siento que es una solución.*

Me he considerado tanto una persona con dinero como una persona sin dinero.

La falta de dinero me restó poder, pero luego, tener tanto dinero que no sé qué hacer con él me respaldó y me empoderó.

En ambas circunstancias, mi personalidad e integridad eran mi decisión.

Algunas personas son avaras con el dinero. Otras no utilizan el dinero de forma justa, no pagan bien a su gente y se aprovechan de la cantidad desproporcionada de lagunas jurídicas de las que disponen. También imagino que no conocemos la historia completa de cada persona rica que denigran en las noticias, y sé que nada de esto tiene que ver conmigo.

Soy justa, generosa y desprendida. Tengo integridad. Hago lo que prometo hacer.

Esto es lo que sé: es seguro ser rica y amada. Es seguro ser rica y respetada. Es seguro ser rica y valorada. Es seguro ser rica y generosa. Es seguro ser rica y cualquier otra cosa que desees. Es seguro ser cualquier cosa en conjunto con cualquier otra cosa que deseas ser.

La noche en que se decretó el primer confinamiento por Covid-19 en California, envié una bonificación a todos los miembros de mi equipo en línea. La cantidad ascendía a unas tres semanas de paga extra. Hace tiempo *quería* dar bonificaciones, y esa noche sentí que era el momento de reforzar el entorno de coherencia, estabilidad y apoyo que hay dentro de mi empresa, mientras el mundo se volvía un poco loco. Esto no es algo *obligatorio*, sino el tipo de empresaria que quiero ser.

Aferrarte a la culpa o al miedo en torno a algo que tienes, algo que te han dado o algo por lo que te has deslomado para conseguir no te ayudará a utilizarlo bien, a multiplicarlo o a ver con claridad las oportunidades que implica.

Es normal experimentar conflictos internos en la vida. Si no estás acostumbrada a tener tanto dinero que no sabrías qué hacer con él, y entonces empiezas a crear riqueza, necesitarás reconciliar y reorganizar cualquier creencia o idea dentro de ti que no apoye la vida abundante que estás creando. O quizás siempre has tenido dinero y siempre te has sentido culpable por eso. Es hora de borrar ese concepto.

Utiliza las aptitudes que te brinda este libro para identificar cualquier signo de temor, culpa o vergüenza que no sirva ni respalde la dirección que eliges tomar, reorganízalas y decide qué es verdadero para ti.

## Retribuir

Hay una pregunta que se repite muchísimo, tanto en los comentarios en el *livestream* como en los mensajes directos de las redes sociales y en mensajes de correo electrónico, por lo general de mujeres que, como yo, tienen una formación religiosa.

"Amanda, ¿tengo que dar el diezmo?"

Por si no lo sabes, dar el diezmo consiste en retribuir el 10 % de tus ingresos personales o profesionales a la iglesia o, en algunos sistemas de creencias, a una organización benéfica.

Me encanta esta pregunta, porque es como que pone de relieve nuestros miedos a ser buenas chicas, desagradar a Dios y joderla con dinero, todo a la vez.

Esto es lo que ha sido cierto en mi caso, y lo que he notado al trabajar con miles de mujeres sobre este tema.

Cuando te sientes bien dando, obtienes buenos resultados en tu vida.

Cuando te sientes mal dando, no generas los mejores resultados que podrías tener.

En pocas palabras, es una energía muy diferente dar por miedo u obligación, que dar por deseo y generosidad.

Como todo lo demás, es la energía con la que lo haces, y no lo que haces en sí, la que crea los resultados. Los sentimientos en tu cuerpo, las creencias que albergas en tu corazón y los pensamientos que tienes mientras das te dicen si es la contribución acorde para ti.

Dicho esto, he descubierto que el hecho de dar es profundo, extremada e increíblemente gratificante cuando lo haces desde un lugar de desborde de amor, deseo y gratitud. Me siento bien dando. Cuando dono a la beneficiencia, siempre me siento muy agradecida por tener la oportunidad de hacerlo.

En la iglesia escuché esto muchas veces: No puedes dar más que Dios.

Si bien he tenido temporadas de dar a una iglesia en particular, y otras temporadas de no dar, tengo la clara sensación de que no importa qué de, desde tiempo hasta dinero, recursos o contenido gratuito en línea, siento que todo vuelve a mí.

En particular, tengo la sensación de que se me compensa por la cantidad de contenido gratuito e inspirador que he compartido sistemáticamente en Internet durante una década. Aunque nadie me paga directamente por ello, siento en mi cuerpo que soy recompensada por ello, y que publicarlo, sin pedir nada a cambio, ha creado una compensación divina para mí.

Pero no... No creo que *tengas* que dar el diezmo o dar de una determinada manera para tener una vida próspera. En realidad, el dinero no funciona así. Repito, el dinero es neutro. No mide lo que vales en función de tu moralidad, sino que solo responde a tu energía. A medida que te sientes bien con la forma en que ganas, gastas y das, te sientes más segura con el dinero, y el dinero vive en ti. Simplemente eres un lugar energéticamente limpio para recibir, tener y guardar dinero.

Conclusión: Da libremente. Recibe libremente. No te preocupes por cómo tu generosidad volverá a ti. Mantente alineada con las acciones que sabes que son correctas para ti, y observa cómo la vida te cuida.

## Convertirse en una imbécil arrogante

Otra pregunta que me hacen a menudo todos los clientes privados que tengo, por lo general, cuando se mueven en el infame reino de seis cifras al mes es la siguiente: "Amanda, ¿y si te conviertes en una arrogante imbécil? ¿Crees que sucederá?"

Esta es la cuestión. Aunque el dinero facilita las cosas, he descubierto que muchas personas creen falsamente que el dinero les permitirá flotar en una nube rosa en la que siempre serán amados, respetados y mimados cada vez que interactúen con alguien a quien pagan, o en una situación en la que gasten mucho dinero, pero no es así.

En pocas palabras: no les agradarás a tus amigos, tu familia, tu contador, tu asistente, tu abogado y tu jardinero si eres mala con ellos. Tampoco lo harán el botones, el conserje, la azafata, el camarero o el portero.

No importa cuánto dinero tienes o gastas; a la gente no le agradarás si eres una cretina. Si ridiculizas a la gente, si eres impaciente o si eres un incordio, puede que te ayuden por obligación... pero el intercambio no resultará cálido ni cariñoso para ninguno de los dos.

Lo que he descubierto es que si te vuelves arrogante o ingrata, si te descontentas fácilmente y eres una persona compleja para trabajar... el universo intentará realinearte rápidamente.

El dinero es un amplificador. Sacará a relucir en ti las partes insatisfechas, exigentes y egocéntricas que necesitas sanar. No puedo prometerte que no tendrás un momento arrogante, pero sí puedo decirte que, con autoconciencia, te darás cuenta y desearás ordenarte en esos momentos.

La vida es mejor cuando somos buenos con la gente. La vida es mejor cuando los que te rodean saben que están seguros contigo, cuando cada persona con la que te encuentras se siente vista, respetada y apreciada por ti.

El dinero no requiere que desprecies a la gente, pero si en tu interior sabes que tienes la tendencia a hacerlo, puede que el dinero te enfrente a esta situación para procesar y sanar.

## En profundidad

Quiero decir algo importante antes de continuar. En los círculos espirituales y religiosos, a menudo se tiene muy en cuenta si alguien no fue educado, *no* está informado y *no* sabe lo que pasa en el mundo.

En nombre del *amor y la luz* o de las *buenas vibraciones*, los acontecimientos mundiales y las experiencias vitales de otras personas (que son muy diferentes a las tuyas) se descartan y se ignoran.

Sugiero que profundicemos.

## JODIDAMENTE RICA

Nuevas ideas, conceptos, conocimientos, experiencias e historias sacudirán tu mundo. Tendrás que practicar para mantener dentro de ti dos ideas contradictorias y reflexionar sobre qué partes de cada una te parecen verdaderas.

Hace unos meses vi un programa llamado *Little Fires Everywhere*, en el que una de las principales temáticas ponía de relieve el privilegio y el conflicto entre las mujeres de color y las mujeres blancas. Específicamente, destacaba que las áreas en las que las primeras padecen la opresión suelen ser las mismas que las blancas no están dispuestas a mirar. En este programa, una mujer negra (Kerry Washington) le dice a una blanca (Reese Witherspoon): "No tomaste buenas decisiones, las *tuviste al alcance*".

Pensé en eso durante varias semanas. ¿Es cierto que en muchos momentos tuve buenas opciones para elegir y ventajas que no sabía que tenía por ser blanca? Sí, es cierto.

¿Es cierto que las personas marginadas experimentan desventajas de las que no siempre he sido consciente? Sí, es cierto.

¿Es cierto que se creó y reforzó una vida de grandes opciones y posibilidades infinitas cuando empecé a reorganizar mi identidad y a verme como alguien digna de éxito sin importar de dónde vengo, cómo crecí o qué eligieron para sí las personas que me rodeaban? Sí, también es cierto.

¿El hecho de que yo tenga privilegios y ventajas anula el hecho de que he trabajado muy duro, he superado muchas cosas y sigo creando una vida por la que mucha gente no está dispuesta a hacer el trabajo interno y externo? No (y necesito que las personas blancas lo entiendan).

¿Es cierto también que, mientras me consideré una mujer de Oklahoma de clase media-baja, mi identidad autoimpuesta me impedía ver la posibilidad de una vida llena de buenas opciones? Sí, esto también es cierto.

Además, puedo quitarme la identidad de oklahomense de clase media-baja, a diferencia de la etnia para la gente de color o la capacidad para las personas discapacitadas. Mi experiencia como mujer blanca de clase media-baja de Oklahoma es probablemente muy diferente de la de mis homólogas negras de clase media-baja que han nacido en la misma ciudad.

Realmente valoro poder asimilar nueva información y conciliarla con lo que yo considero verdadero, expandiendo y profundizando mis visiones y convicciones en el camino.

Debo ser capaz de retener los pensamientos y observarlos, incluso si me asustan.

No puedo ser una persona informada (y mucho menos enseñar a manifestar bien) si no tengo la voluntad de observar las historias, los patrones y las dinámicas que ya se establecieron en el mundo.

Sentir emociones negativas o contradictorias cuando contemplo la injusticia social que sufren las personas de color, o la brecha económica entre la calidad de la atención sanitaria (o de los alimentos) de que disponen las personas acomodadas y las pobres en Estados Unidos, no significa que no esté en un estado de "alta vibración". Significa que soy una creadora intencional dentro de este mundo, alguien que pondrá de su parte para desenterrar y desaprender los sistemas de opresión que han contribuido a la marginación de muchos grupos de personas.

Lo que quiero decir es lo siguiente: surgirán conflictos internos.

Es seguro observar cosas difíciles, raras y angustiantes. Es seguro observar nuestros prejuicios internalizados. Es seguro admitir que tenemos áreas en las que crecer. Es seguro apoyarse para aprender más. Es seguro reconocer que hay espacio para crecer. Es seguro asomarse a verdades incómodas, hacer preguntas difíciles y mantener conversaciones reales. Es seguro reflexionar sobre las ideas de forma más profunda y completa que basándonos sólo en lo que hemos creído hasta ahora. Esto nos permitirá crear nuevos mundos y realidades en torno a lo que cada uno elija para sí mismo y para los demás a partir de aquí.

No es cómodo, pero es lo que debemos hacer si deseamos madurar dentro de nuestros sistemas de creencias, y hacer nuestra parte para cambiar el mundo.

Las personas inseguras evitan las verdades incómodas. Una persona débil es tironeada de un lado al otro por las visiones que otras personas tienen sobre estas verdades y termina abandonándose a sí misma, mientras que una persona fuerte y estable puede observar el panorama completo y resolverlo en su interior, alcanzando nuevos acuerdos que le darán claridad y orientación a medida que avanza.

El mundo no se estableció de forma justa.

Y yo sé que todos somos poderosos, capaces, y dignos. Punto.

Puede que por tu origen, tus experiencias y la mierda de los sistemas opresivos necesites de un trabajo interior muy intencionado, continuo y diligente para creer, poseer y encarnar plenamente este hecho. Son las cartas que nos han tocado, pero creo que es tarea de nuestra alma colectiva jugar estas cartas de forma diferente a quienes nos precedieron.

Con firmeza te digo: Estamos hechas para prosperar, no importa lo que nos hayan dicho sobre nosotras mismas, nuestras comunidades, la gente como nosotras o nuestras posibilidades. Estamos hechas para ser dueñas de nuestras vidas. Fuimos creadas para la grandeza.

La vida no es un juego de suma cero: Que alguien gane no significa que otro pierda. El éxito de una persona no equivale al sufrimiento de otra. Esta es una dinámica dominante en el mundo, y no es la única. Es nuestro trabajo crear y avanzar hacia un nuevo camino.

Necesitamos personas con corazones más grandes, un montón de dinero y la intención de cambiar el panorama financiero de este mundo.

Es nuestro trabajo abrir la puerta a la multitud y dar a luz a generaciones de nuevos rompedores de reglas. Es hora de inclinar la balanza y crear un nuevo mundo de personas empoderadas que tengan realidades alegres y emocionantes con el dinero, para que *todos* podamos vivir dignamente.

## JODIDAMENTE RICA

¿De qué otra manera crearemos un legado de mujeres ricas, millonarias de color y personas adineradas partidarias del movimiento LGBTQ+ que hagan su parte para crear un mundo que funcione para todos?

## TAREA

Saca tu diario; ya sabes qué hacer.

- ¿Tienes algún resentimiento hacia las personas que tienen más dinero que tú? ¿Estás enfadada con alguien que actualmente tiene algo que tú quieres? ¿Qué sientes? Escríbelo en tu diario.
- Si confiaras en que puedes tener lo que otros tienen, pero en mayor proporción, y puramente de forma que te funcione, ¿cómo te sentirías? Escríbelo.
- Si tú, como persona con poder y dinero, no estuvieras limitada por las acciones, las actitudes o el modelo de cómo otras personas ricas utilizan su dinero, ¿cómo te sentirías? ¿Qué elegirías hacer de otro modo? ¿Qué tipo de persona rica quieres ser?
- Si fuera seguro generar dinero a pesar de que algunas personas adineradas sean imbéciles, ¿qué significaría eso para ti?
- Si fuera posible ser rica y buena persona ¿qué te permitirías tener? ¿Qué sabrías y creerías ahora sobre el dinero? ¿Hay algo en particular que desees hacer con tu dinero? ¿Alguna forma en la que quisieras mantenerte? ¿O retribuir?

# ONCE

........................................

## JODIDAMENTE RICA

Ha llegado la hora de nuestro capítulo final.

La pregunta es la siguiente: *¿Qué se siente ser rica?*

Profundicemos.

Se siente jodidamente fabuloso... ¡dah!

Escuché a Oprah Winfrey, que es mucho más rica que yo, decirle a Larry King, *"Es un lujo que va mucho más allá de lo que todos creen que es, de veras. Es increíble"*[9]

Voy a decir algo que no debería: Puedes resolver muchos, muchos problemas con dinero.

Cuando hay que arreglar, reparar, sustituir o comprar algo en mi vida, si hay que contratar a alguien en mi empresa, si hay que hacer algo en mi casa, utilizo dinero.

A diferencia de los muchos años anteriores a estos últimos, ya no pienso tanto en ello, ni me preocupa, ni lo analizo.

La mayoría de las veces, hay un alto nivel de expectativa y facilidad en torno al dinero que me apoya.

Si hay que resolver algo y el dinero ayuda a hacerlo, lo uso para ese fin.

Para mí, el dinero es una herramienta, un recurso, un amigo y un aliado.

## El dinero existe para apoyarme

Una de mis afirmaciones favoritas desde hace mucho tiempo es: *"el dinero existe para apoyarme".*

Como ya hemos aprendido, el dinero es un recurso neutro. No tiene libre albedrío propio. Existe por las razones que tú dices que existe. Hace lo que tú le dices que haga.

El dinero no se rige por un código moral. El dinero tiende a acompañar y multiplicarse por las personas que se sienten merecedoras de él. Depende de nosotros aplicar nuestra moral y nuestros valores al dinero, decidir cómo queremos que el dinero trabaje para nosotros y utilizarlo bien, y para el bien.

Estoy segura de que ya ha quedado claro que elijo no vivir con ningún pensamiento limitado cuando se trata de mí, de mi vida, de mi negocio, de mi carrera, de mi futuro y de lo que soy capaz de tener.

Y cuando vivo momentos de duda, temor o miedo, sé cómo sortearlos, liberando esas emociones de a poco.

Mi realidad financiera se ha ampliado en proporción a mi visión, mi deseo y lo que sé que llega a ser verdad para mí.

A continuación enumero algunas áreas en las que tener tanto dinero que no sé qué hacer con él ha cambiado mi vida:

## JODIDAMENTE RICA

**La salud:** A finales del año pasado, cuando tuve una grave reacción alérgica a un antibiótico tras una intervención, mis amigos íntimos estuvieron controlándome las 24 horas del día. Tenía una erupción cutánea de pies a cabeza y fiebre muy alta. Sabía que mis amigos tenían familias de las que preocuparse y planes de vacaciones que disfrutar. Necesitaba una solución que me ayudara y que aliviara la presión y la preocupación de mis seres queridos.

Pagué a una enfermera su tarifa diaria por supervisar mi medicación, llevarme a las citas y comunicarse con mi médico sobre mi evolución. Incluso me preparaba sopa cada día. Estaba muy agradecida con esta increíble mujer y a su ayuda en aquel momento.

En otra ocasión, una noche no podía respirar y tenía un poco de dolor en el pecho. Busqué en Google "médico a domicilio" disponible en mi barrio. El operador llamó a un médico, que vino en menos de una hora, me tomó las constantes vitales, escuchó mis síntomas y me diagnosticó indigestión y alergia. Luego, vino a controlarme a diario por una semana.

¿Sabías que puedes sentir dolor en el pecho cuando sólo necesitas eructar? Jaja.

En un mundo en el que los costes sanitarios son astronómicos y en una época en la que salir de casa estando enfermo puede poner en peligro a otras personas, agradecí no tener que pedir cita, conducir a ningún lado, sentarme en una sala de espera, rellenar formularios, hablar con recepcionistas o esperar los resultados. La solución simplemente llegó a mí.

El mundo no es justo. No está creado para dar a todas las personas la ayuda que necesitan, pero al redistribuir los fondos entre quienes nos preocupamos por el progreso y el cambio, igualamos las condiciones financieras. Elevamos a los demás con nosotros. El hecho de que tuviera los medios para pagar esta visita médica a domicilio con facilidad y recibir una atención médica diligente a altas horas de la noche me recuerda por qué hago este trabajo: para ayudarte a poner el poder del dinero en tus manos, de modo que puedas protegerte, mantenerte y cuidar de ti misma y de los demás sin estrés ni tensiones.

La pura verdad es que el dinero cambia las cosas. A través del trabajo que comparto, he visto a muchas personas "comunes" revolucionar sus vidas a través del trabajo que han hecho respecto a su percepción de su valía, poder, potencial y destino.

Soy una de esas personas.

**La moda.** Ay, cómo ha cambiado todo para mí en esta área. Cada vez que entraba a una tienda de Chanel padecía un tremendo síndrome del impostor. Ahora soy una mujer que se siente igual de cómoda saliendo de la tienda con varias cosas que le encantan o con las manos vacías si nada le ha llamado la atención, pero ha sido un proceso para mí. Los tres primeros bolsos Chanel que compré eran vintage y los encontré en tiendas de reventa. El primer día que pude permitírmelo, no me sentí automáticamente cómoda entrando a las tiendas que ahora amo.

## JODIDAMENTE RICA

Para ser honesta contigo, ¡esas primeras compras fueron raras para mí! Tenía que trabajar para sentirme cómoda con la idea de tener cosas bonitas y confiar en mí misma para cuidarlas.

He tenido clientas que, al poco tiempo de comprar un artículo de lujo, lo perdían temporalmente o aparecía dañado. Aún no se sentían cómodas ni seguras con ese objeto. No confiaban en sí mismas para tenerlo, y crearon un escenario que les permitiera superar esta situación. He ayudado a estas mujeres a crear relaciones seguras y sin ataduras con sus posesiones.

Aunque soy consciente de que si algo se perdiera o arruinara, podría comprar otro igual o arreglarlo porque ya no le temo a esta área... conservo muchos objetos durante años. Se siente bien cuidar mis cosas sabiendo que ellas me cuidan a su modo. Tengo un sastre, un zapatero y una tintorería que apoyan estos esfuerzos.

Mis posesiones tienen sentido y carecen de él a la vez. Las cosas son sólo cosas. En muchos sentidos, no tengo ataduras. Sin embargo, veo mis pertenencias materiales como símbolos muy bonitos de mi crecimiento, mi progreso y mis logros.

Dicho esto, me siento segura al deshacerme de cosas cuando ya no me sirven. No guardo cosas "por si acaso", por miedo a no poder comprarlas nuevamente.

Actualmente compro objetos de calidad que duran. Son las cosas que amo, y me siento bien casi sin consumir prendas de moda pasajera que dependen de la mano de obra de trabajadores injustamente remunerados para obtener ganancias.

Cuando ya no quiero algo, lo regalo o vendo. Si lo vendo, suelo donar lo recaudado a organizaciones benéficas. Las prendas desechables ya no son parte de mi vida; compro ropa de calidad intencionadamente, y la suelto cuando siento que llegó el momento. Esto genera menos residuos y, al mismo tiempo, apoya a organizaciones en las que creo.

También soy un poco desenfadada cuando compro. Si me gustan dos pares de zapatos, me siento bien comprando ambos. Si me gusta un par de pantalones deportivos y me doy cuenta de que los uso muy a menudo, suelo comprarlo en otro color o pedir un segundo par del color que uso regularmente. Incluso compro el sostén deportivo, las zapatillas o gomas para el cabello a juego para que combinen con dicho pantalón.

A veces me siento alucinada por el deseo de tener un guardarropa de alto nivel.

Una vez, en vísperas del Año Nuevo, sumé el coste del vestido, los zapatos, el abrigo, el bolso y las joyas que llevaba. Normalmente no me pondría mi abrigo más caro, mis joyas favoritas, unas botas de cristal y un vestido de diseño a la vez, pero ese día sí. Y aunque la mayoría de estos artículos se adquieren de a uno durante un largo periodo de tiempo, en esa ocasión en particular llevaba US$133 000 entre vestimenta y accesorios. Estaba desconcertada, impresionada y orgullosa de mí misma. También estaba un poco avergonzada.

Me parecía injusto, e incluso inaudito, en comparación con mi vida anterior. Comprendí, lógicamente, cómo había llegado a este momento, vestir este atuendo. No me sentí indigna ni que no lo mereciera, pero sentí el contraste tanto de la vida de mi antigua yo como de la de toda la gente para la que US$133 000 es un sueldo de ensueño. Me siento como una persona normal, una chica normal de Oklahoma. No soy especial.

En ese momento me di cuenta de por qué hago lo que hago, por qué enseño sobre el dinero y por qué comparto todo lo que sé. No tengo secretos cuando se trata de dinero. El dinero no es una asociación inalcanzable. Hago este trabajo para que otros puedan llegar a obtener su máximo potencial e ir mucho, mucho más allá de mí y de lo que yo he conseguido hasta ahora. Aprender a estar en mi poder sin pedir disculpas cuando me enfrento a momentos como este ha sido clave para encarnar mi trabajo y ser dueña de mi continua expansión financiera.

La mayor parte de los días me siento orgullosa de lo que tengo y de lo que he creado, más consciente de mi origen y de lo que no solía tener... todo a la vez.

**Mi hogar.** Ya hemos hablado mucho sobre la compra de mi casa, las reformas, el anticipo y todo lo que eso conlleva, pero me surgen algunas cosas más relacionadas con el hogar que quiero compartir contigo.

El otro día, conversaba por teléfono con una mujer a la que ofrezco mis servicios de mentoría, que estaba experimentando algunos sentimientos encontrados mientras recibía su primer ingreso anual por siete cifras. Mientras caminaba por mi sala de estar y hablaba con mi clienta, ayudándola a confrontar algunos de sus miedos a la hora de crecer, le dije: "Amor, te entiendo. En mi sofá tengo almohadones individuales que cuestan más que mi alquiler de hace cinco años".

Mientras esas palabras salían de mi boca, no podía creer que fuera cierto. Son almohadones realmente bonitos. Jaja.

Como mujer soltera que vive sola, ha habido momentos en los que no me he sentido segura en mi casa. Creo en desarrollar una sensación de seguridad tanto en mí misma, internamente, como a través de mis acciones prácticas externas. Dicho esto, el coste de la domótica y la seguridad de mi casa fue un poco mayor de lo que solía ganar en un año, hace unos seis años. Esto contribuye a que me sienta segura y respaldada en mi hogar. Estoy muy contenta de poder proporcionarme esta sensación y experiencia.

A veces, los momentos en los que gasto mucho dinero son estimulantes. A veces siento asombro, incredulidad y emoción. Con el tiempo, cada vez más, empieza a parecerme normal, y así es como sé que lo he normalizado.

Y es preciso normalizar un nivel para ascender al próximo, y normalizar lo que aún no tienes te ayuda a recibirlo más rápidamente.

Pero... para contarte toda la historia, en muchos, muchos momentos observé a mi alrededor y me di cuenta de que lo he conseguido, mientras agradecía a Dios y lloraba.

**El equipo.** Trabajo con un gerente de negocios, una persona de operaciones que también es una genia de la tecnología, un asistente virtual, un gestor de redes sociales, un diseñador gráfico, y otros que apoyan mi negocio en línea. Tengo un jardinero, un piscinero, un empleado de mantenimiento, una señora de la limpieza y un asistente personal que me ayudan en casa. Algunos trabajan conmigo desde hace más de cinco años. Son familia. Son amigos. Los quiero muchísimo.

He tenido que acostumbrarme a que la gente me ayude. No siempre me he sentido segura dejando que me ayudaran. He tenido que soltar el control y ver a los que me rodean como personas muy capaces y mejores en su trabajo de lo que yo podría ser. He tenido que aprender que cuando se trata de tareas en las que no me desenvuelvo bien, hay alguien ahí fuera a quien le encantará hacer ese trabajo y que estará perfectamente hecho para ello.

Mi trabajo es pagarles bien.

No podría hacer lo que hago, o hacerlo de manera estupenda, si no tuviera un equipo a mi alrededor compuesto por personas que saben hacer su trabajo estupendamente.

Mi equipo en línea está casi siempre compuesto en su totalidad por mujeres. A lo largo de los años, en algunas ocasiones me he dado cuenta de que casi todas las personas de mi equipo eran madres solteras. Esto no era intencional, pero tiene sentido que se manifestara así ya que todo el propósito de mi vida es apoyar a nuestro género. El equipo refleja mi corazón, mis deseos y mis valores. Me siento muy bien apoyando a las mujeres de mi equipo que se dedican al trabajo que aman y, a cambio, pueden mantener a sus familias.

Al complementar sus talentos y habilidades con los míos, creamos una misión y un movimiento más grande que nosotras mismas.

**Los viajes.** Hace mucho tiempo que no vuelo en clase turista. Para ir un paso más allá, evito a toda costa los vuelos en clase ejecutiva que no tengan asientos que se puedan tumbar como camas. Por ensayo y error, y estudiando los mapas de asientos, he aprendido a detectar qué vuelos, a qué horas y a qué ciudades tienen suites de primera clase/clase ejecutiva con asientos que se reclinan hasta convertirse en camas.

Hace años aprendí que despertarme en una nueva ciudad sintiéndome fresca, después de dormir toda la noche en un avión, haber comido una o dos veces y ver una película relajante, me ayuda a continuar dirigiendo mi negocio con la mente despejada cuando aterrizo.

Aunque esto es algo innegociable para mí, fue un proceso. Primero, cuando planificaba mis viajes, seleccionaba clase turista. Luego manifesté algunos ascensos a la categoría de primera clase. Al final, pagué por la opción de camas reclinables para los vuelos largos, pero pasaba horas asegurándome de que era el vuelo en primera clase más barato disponible.

Con el tiempo, mis exigencias aumentaron. Probé los servicios de un jet privado durante un año y finalmente encontré mi aerolínea preferida, comencé a sumar puntos y ahora estoy en el nivel más alto del programa de fidelidad de esa aerolínea (¡lo que me parece realmente genial!).

## JODIDAMENTE RICA

A veces un chofer me espera para trasladarme desde y hacia el aeropuerto, pero otras veces me resulta más divertido tomar un Uber o averiguar cuál es el transporte público en la ciudad en cuestión. Sé que no es necesario hacer cosas extravagantes, y a menudo me siento muy bien dejando que mi lado aventurero y viajero vagabundee libremente.

Dicho esto, me encantan los hoteles bonitos, grandes y de cinco estrellas. Me encanta cómo me reciben en la puerta. Me encanta que el personal recuerde mi nombre, tanto cuando vuelvo de pasar el día fuera como cuando vuelvo años después. Me encantan las toallas, las sábanas, las almohadas, las vistas, el servicio de habitaciones y la experiencia en general.

Como hago las reservas con mi tarjeta de crédito Platinum de American Express, me aseguro un ingreso anticipado, una salida tardía y desayunos gratuitos en la habitación. A veces también incluye un trago al llegar y crédito para usar en el spa, aunque este último beneficio jamás me enloqueció.

Como ya he mencionado, aquello que alguna vez me parecía extravagante se convirtió en normal. Creo que es parte del crecimiento financiero, pero no tenemos que dejar de sentirnos bien con ello, y no tenemos que dejar de estar agradecidas por ello. Que sea normal no significa que no te encante; sólo significa que sabes que eres digna de ello. Significa que su apoyo te ayuda a que te sientas cómoda y confiada.

**La comida.** Me gusta mucho comer.

También me gustan los restaurantes, salir a comer afuera, pedir comida. Me encanta.

Cuando era pequeña, me enseñaron que había que limitar las comidas afuera, ya que comer en casa costaba mucho menos que hacerlo en un restaurante. Lo interioricé y me sentía culpable por añorar las experiencias gastronómicas que me encantaban. Actualmente tengo una mentalidad muy distinta.

Sé que es fundamental que mi cuerpo esté nutrido. Sé que comer afuera también es un momento en el que mi alma se nutre gracias a los seres humanos con los que ceno y las conversaciones compartidas.

Ya no me siento culpable por "ir a comer afuera demasiado" o gastar dinero en comida. De hecho, me siento algo decepcionada cuando una rica cena cuesta menos de lo que planeaba gastar en mi familia o invitados. Fui camarera en el colegio bíblico, por lo que me gusta dar muy buenas propinas.

Además, realmente me encantan las pequeñas tiendas gourmet locales. Que vendan artículos más caros es parte de la experiencia en estos mercados y no me importa en absoluto. La estética, la calidad y el servicio crean la vibración en la que deseo estar. Tengo la intención de situarme en lugares que me hagan sentir bien, incluidas las tiendas de comestibles.

**La tranquilidad.** Con el tiempo, cada vez tengo más claro que comparar precios no siempre es la mejor forma de pasar mi tiempo. Sé que al pagar por comodidad o rapidez, en realidad estoy pagando por tiempo, espacio y libertad.

De este modo, para mí, los gastos de envío, de entrega urgente o de servicio a veces valen la pena.

Con una tarifa de entrega, por ejemplo, me ahorro el tiempo y la energía que me llevaría ir a una tienda. Básicamente, estoy ganando tiempo, que puedo dedicarlo a lo que tenga ganas: mis pasiones, el trabajo, recargar pilas, pasar tiempo de calidad con amigos y seres queridos, entre otras cosas.

Me siento libre para gastar el dinero en lo que necesite. El dinero es una herramienta, destinada a respaldarme en lo que me parezca importante. Uso el dinero de manera estratégica e intencionada, y lo aprovecho para mi misión, mi propósito y mis deseos.

En resumen: Permito que el dinero cree facilidad, espacio y libertad en todas las áreas de mi vida.

Es jodidamente genial.

## Las limitaciones que nos creamos

La riqueza es algo relativo.

Siempre hay alguien más rico, y todo el mundo tiene una limitación u otra, autoimpuesta o no.

¿Cuáles son mis limitaciones autoimpuestas últimamente? Bueno, aunque me sienta totalmente cómoda gastando varios cientos de dólares en un par de zapatos de diseño o dos (o incluso tres) en una visita a la tienda, no compraría doce pares. Tengo dinero en mi banco para comprar 5000 pares, pero ese no es el objetivo. El objetivo es sentirme bien con el modo en que gasto y uso mi dinero.

Hay una versión de lo excesivo que parece abundante, una versión de lo excesivo que puede parecer derrochadora y una versión de lo excesivo que me dice que alguien aún no se siente cómodo permitiendo que el dinero se quede en una cuenta sin gastar.

En realidad, no creo en "malgastar" el dinero. Sólo creo en usar el dinero de maneras que te apoyen o no, que te hagan sentir bien o que funcionen para ti. Dicho esto, todavía tengo mis propios límites que me sirven como guía en torno a lo que he descubierto que funciona para mí. Cinco mil zapatos de diseño nuevos simplemente no funcionan para mí. Me encanta tener dinero en el banco. Me encanta que me sobre dinero. Como ya hemos dicho, me encanta tanto tener dinero como gastarlo en proporciones cada vez mayores.

Sin embargo, sigo sintiendo un nudo en el estómago cuando voy a pagar algo que realmente *no* me gusta o que no quiero.

De algún modo, siento que el dinero cambia todo y nada al mismo tiempo. Aún debo procesar mis dudas y miedos, elegir mi camino y confiar en mí misma. Aún debo decidir en quién me estoy convirtiendo. Solo observo y trabajo con precios más altos.

Una vez le dije a mi asistente personal, que guarda mis tarjetas de crédito en su billetera: "escucha, nada de esto llegó accidentalmente. Cuando gasto dinero, lo hago a propósito".

Aunque cambiar tu mentalidad te ayudará a generar más dinero, la acumulación de dinero, por sí sola, no cambia tu actitud (todos hemos conocido a algún rico que aún actúa como pobre y por lo tanto se siente jodidamente pobre).

Sin embargo, la mujer rica gasta, y gasta bien. Se siente bien con lo que gasta. *No tiene nada que demostrar respecto a cómo lo hace.* Compra lo que quiere, guarda el resto, y no se preocupa demasiado por nada.

Hace tiempo que dejó el mundo de compensar y demostrar.

Confía en que puede tenerlo, por lo que no tiene necesidad de gastarlo todo.

Si la llevaran a dejarlo todo, entonces también confiaría en sí misma dentro de eso.

Ella no es responsable en pro de la responsabilidad, pero sabe que, al honrar su dinero, se honra a sí misma.

## Los niveles y las capas de la riqueza

Soy consciente de que los montos en dólares que gano, gasto, ahorro y circulo son estrafalarios, pero también sé que esas cantidades no son nada para alguien que vale varios cientos de millones (o mil millones) de dólares.

Para tener una perspectiva, a veces me planteo lo siguiente: Un jet de gama baja cuesta 2 millones de dólares. Un yate de alta gama cuesta 250 millones. Cuando no tenía dinero, 1 millón de dólares, 10 millones de dólares y 100 millones de dólares me parecían casi lo mismo. Una vez que entraron millones en mi vida, me di cuenta de que hay muchos niveles de riqueza que antes no veía.

No es lo mismo tener algunos millones a tu disposición que ser un auténtico multimillonario.

Aunque no considero que ningún monto de abundancia financiera sea inalcanzable, soy consciente de que las capas y los niveles de riqueza son infinitos. No siento que debo alcanzar ningún nivel financiero específico, pero practico ver todos los niveles percibir como disponibles para mí.

Entonces, no tengo un yate, no soy dueña de distintas propiedades vacacionales de lujo alrededor del mundo, ni tengo un jet. No soy dueña, no alquilo y ni siquiera tengo ningún tipo de tiempo compartido en un avión, barco o isla, pero si deseo estas cosas, o cuando las desee, las perseguiré. Creo que es seguro hacerlo.

Podría ser dueña o invertir en algo de lo que mencioné anteriormente. Algunos parecen estar a mi alcance en este momento y, si bien todavía no son mi objetivo, podría conseguirlos aprendiendo más, enfocándome, ganando más y fijando mis metas en consecuencia, y pondré en práctica los principios de este libro para llegar allí guiada por el deseo.

Nada se encuentra innatamente fuera de nuestro alcance. Todo es posible.

## Sensación de dinero

Volviendo a nuestra pregunta, tener dinero sienta de maravilla, relaja y alivia. Sentimos seguridad y es como estar en casa. Reconforta y apoya.

Sentimos alegría y gratitud. Se siente como si el trabajo duro diera sus frutos. Se siente como una intención que

## JODIDAMENTE RICA

da resultado. Se siente como si lo que he sentido, observado, sospechado y trabajado se uniera con más facilidad e impacto de lo que podría haber imaginado.

Se siente como desear, recibir, abrazar, elegir y permitir. Se siente como estar en sintonía con lo que quieres, inclinarte hacia atrás y dejarlo entrar.

Se siente jodidamente bien.

Se siente expansivo. Se siente como un sinfín de posibilidades. Es una puerta abierta, dispuesta y lista para ayudarme.

Se siente como algo normal, esperado y necesario.

Me siento bien dotada de recursos. Me siento apreciada y respaldada por el dinero. Siento que tengo un defensor y un aliado en el dinero. Me siento sostenida, adorada. Me siento querida.

Y recuerda: El dinero no puede sentir nada por sí mismo. Solo puede reflejar y magnificar lo que sentimos por él.

Se siente como tú deseas que lo haga. Transmites esas sensaciones a tu cuerpo para crearlo.

Se lo permito, le doy la bienvenida, y me encanta.

Hago espacio para que entre y lo respeto muchísimo. No contemplo ideas que no me ayuden a tenerlo.

He reorganizado por completo cómo trabajo con el dinero, cómo funciona para mí, las reglas en juego y los paradigmas en los que opero.

Por esta razón...

Hoy siento, sé y literalmente tengo tanto dinero que no sé qué hacer con él.

## Tanto dinero que no sabrás qué hacer con él

Lo curioso de decidir e ingresar al mundo de tener tanto dinero que no sabes qué hacer con él tiene que ver con que encontrarás cosas en qué gastarlo, y me refiero a todo tu dinero (incluso cuando lo único que deseas hacer con él es guardarlo en el banco y estar lista para respaldarte en tu próximo emprendimiento, que requerirá una gran parte de él).

Llegar al punto de usarlo todo, o de necesitar o desear más dinero (o más de algo) no implica que lo estés haciendo mal. Significa que has sido llamada a expandirte. Te expandirás a nuevos ámbitos de generar, gastar, ahorrar, tener e invertir a medida que emprendes en el camino que describe este libro.

A lo largo de mi carrera, cuando decido que es hora de subir a un nuevo nivel de ganancias, personas desconocidas en Internet actúan como si algo estuviera saliendo mal cuando me elevo a generar más. He leído que esto significa que debo estar actuando de forma irresponsable con el dinero, o que "mis gastos deben estar fuera de control".

La verdad es que el dinero está disponible, y a mí me gusta tener mucho.

Dejo que sea la cosa. Pero no lo único en lo que me concentro, amo, aprecio o trabajo interiormente, sino algo en lo que siempre estoy dispuesta a concentrarme, amar, apreciar y trabajar interiormente.

Me presento al dinero, y este aparece.

Mi trabajo es desearlo y saber que puedo tenerlo, y a su vez eliminar o reconciliarme con cualquier aspecto en mí que me diga lo contrario. El trabajo del dinero es venir a mí, quedarse a mi lado, respaldarme y hacer lo que le digo, deseo o necesito que haga.

A medida que te sientas cómoda, aceptes y estés totalmente disponible para un nivel, el siguiente se abrirá para que des un paso adelante y entres en él, una y otra vez.

Puede que nuevas creencias limitantes, o capas más profundas de estas creencias que ya has examinado, surjan para que las sanes y empieces de nuevo, esta vez con más conocimiento y conciencia del proceso.

Me enfrento a los límites personales que percibo cuando recibo o libero más dinero que nunca. En estos momentos, siento que mis capacidades financieras se expanden, a veces de forma incómoda.

El dinero me respalda en mi crecimiento y a lo largo de mi camino, a medida que avanzo en lo que soy y en lo que siempre debí ser.

Como ya he dicho incontables veces: tus posibilidades son infinitas. No hay límites para lo que puedes tener, hacer, generar, crear, ser y en lo que puedes convertirte.

Realmente estás hecha para la grandeza. De hecho, tus deseos te están guiando.

Fuiste creada para vivir a lo grande. Fuiste hecha para tenerlo todo.

De verdad puedes lograrlo.

Y tu próximo nivel te espera.

Vamos, ve a buscarlo.

## TAREA

*Escritura libre.*

Tema: ¿Qué se siente tener dinero? Escribe en primera persona del presente. Escribe como si ya fuera un hecho en tu vida. Está aquí, es ahora y es tuyo. Siéntelo en tu cuerpo, en tu mente, en tu corazón y en tu energía.

Luego, declara quién eres, qué eliges tener, cómo eliges ser, a dónde vas y cuál es tu destino.

¿Qué decides tomar, qué eliges y qué sacarías de este libro? Si ya lo has anotado, hazlo otra vez. A medida que avanzas, te darás cuenta de que es más claro y que está respaldado por una energía y una emoción más fuertes. Escribe desde la energía de decidir, declarar y saber. Deja las dudas a un lado y haz lo tuyo.

Puedes hacer una lista de los dichos, conclusiones, afirmaciones o verdades que estés lista para integrar y permitir que se vuelvan más reales para ti.

Una vez que termines, repite conmigo:

ESTO ES QUIEN SOY
Y QUIEN ESTOY DESTINADA A SER.
NO HAY NADA QUE OCULTAR.
ELIJO CONVERTIRME… Y RECIBIR.

# AGRADECIMIENTOS

Mamá: Gracias por traerme al mundo, por creer en mí, amarme profundamente y decirme que podría lograr lo que me proponga. Te creí.

Papá: Gracias por ser nuestra roca y una presencia estable de fortaleza y amor. Eres el mejor.

Andrea: Eres el regalo más grande de mi vida. Estoy tan feliz de que Dios me haya brindado una hermana y de tener el privilegio de ser tu hermana mayor. Gracias por pelear contra los trols, por todas nuestras cosas de hermanas y por ser tú. Estoy muy orgullosa de ti. Te apoyaré siempre.

Mónica: Gracias por cuidar tan bien de tu hermanita (yo). Desde la casa de Barbie hasta el correo y el lugar donde quedarme cuando lo necesitaba, y por ser tan encantadora. Te quiero mucho.

Meaghan: Gracias por apoyarme durante tantos dolores que padecí al crecer. Tu alma es hermosa y agradezco el rol que has tomado y cómo nos ayudaste a crecer mientras todo se alineaba.

Cariño: Gracias por ser un hombre tan jodidamente bueno, la fuerza de la calma, y una presencia arraigada en mi vida. Gracias por todo lo que haces por mí, y para mí, y por todas tus formas de amarme (grandes y pequeñas). Estoy feliz de que los imanes de tierras raras que llevamos dentro te hicieran perseguirme por la calle aquella noche. Te aprecio infinitamente.

Deb Rebar: Haces, sabes, ordenas, supervisas todo y me quitas de encima más cosas de las que puedo imaginar. Haces que todo funcione. Gracias por ser nuestra operadora, gurú de la tecnología, voz de la razón y madre empresaria. Gracias por tu integridad, por escuchar y por ser un ser humano sólido como una roca.

Kim Hamilton: Simplemente te adoro. Gracias por respaldarme continuamente. Haces tanto por mí, por el equipo y nuestra comunidad. Nos cuidas tan bien. Estoy tan feliz de que me hayas pasado los MD aquel día.

Bondie Metchore: Eres una mujer tan poderosa, bondadosa, amorosa, generosa e increíble. Hemos pasado tantas cosas juntas. No puedo ni explicarte cuánto significa para mí que reces por mí. Agradezco a Dios por tenerte. Gracias por todo lo que haces.

Brynna Nicole: ¡Dios mío, los innumerables gráficos, elementos del sitio web, componentes de la página de ventas, portadas de redes sociales, entre otras cosas! Gracias por tu creatividad, por hacer que todo sea tan bonito y por analizar tantos tonos de rosa conmigo, una y otra vez. Jaja.

Kaci Ally: Gracias por tu sabiduría, pasión y conocimiento sobre la diversidad y la equidad. Gracias por tu cerebro y tus opiniones. Gracias por ayudar al equipo AF como lo haces.

Andrea Crowder: Gracias por ser mi segunda lectora y una increíble amiga. Gracias por llamarlo "La biblia del dinero" cuando estaba tan asustada por escribir este libro. Gracias por respaldarme siempre y por ser tú.

## JODIDAMENTE RICA

A mis primeros lectores: Gracias por querer leer este libro demente en tiempo real. Gracias por acompañarme en este camino. Agradezco su amor, sus opiniones y sus testimonios. Los amo. Fue un gran honor estar junto a ustedes mientras escribía mi primer libro.

Sarah Love: Eres la sanadora más salvaje, cariñosa, deslumbrante, convincente y efectiva que conozco. Gracias por los mundos que creas, los paradigmas que reorganizas, la mierda que derrumbas y tu trabajo continuo. Te adoro.

Mis clientas privadas y mastermind: Me hacen revivir y me recuerdan por qué estoy aquí. Honro sus viajes, su camino, su compromiso, su valentía y la forma en que están redefiniendo la vida para las generaciones que vienen detrás de ustedes. Son las que cambian las reglas del juego.

Los Expertos en Dinero MMM: Gracias por inscribirse, por invertir e involucrarse. Gracias por confiar, por creer en mí y en ustedes. Sus historias de éxito son la emoción de mi corazón y la prueba del trabajo de mi vida.

Cara Alwill: Gracias por obligarme a escribir un libro (jaja). Te adoro y me inspiras. Estoy orgullosa de ti, y agradecida de tenerte. Gracias por ser quien eres y hacer lo que haces.

Gabby Bernstein: Agradezco a Dios el día que vi tu libro en la biblioteca. Me cambió la vida. Rezo para que este libro sea exactamente eso para aquellas a quienes está destinado a servir.

Rebecca Caccavo: Doy gracias a Dios por ti. Estoy tan feliz de que hayas llegado a mi vida en el momento oportuno y del modo más incómodo, ayudándome a juntar las piezas finales que tanto necesitaba. Gracias por tus matices y tu profundidad. Por ambas cosas. Gracias por lo que has logrado de mí. ¡Te adoro!

Cara Lockwood: Gracias por ver y comprender mi opinión. Gracias por creer y confiar en el libro; tu opinión me ayudó a dejar de resistirme y empezar a confiar, justo cuando más lo necesitaba. ¡Gracias!

Stephanie Gunning: Gracias por tu hermoso formato, tu increíble manera de jugar con las palabras, y el pulido final de este libro. ¡Aprecio mucho tu trabajo!

# CITAS

1. Carl R. Rogers. El proceso de convertirse en persona: La perspectiva de un terapeuta sobre la psicoterapia [On Becoming a Person: A Therapist's View of Psychotherapy] (NuevaYork: Houghton Mifflin Company, 1961), pág. 389.
2. Proverbios 18:16. El pasaje en cuestión reza así: "La dádiva del hombre le abre camino y lo lleva ante la presencia de los grandes". Biblia del Rey Jacobo (1611).
3. Efesios 3:20. Nueva Versión del Rey Jacobo (Nashville, TN.: Thomas Nelson, 1982).
4. El pasaje de 2 Corintios 12:9 dice: "(...) 'Bástate mi gracia; porque mi poder se perfecciona en la debilidad'. Por tanto, de buena gana me gloriaré más bien en mis debilidades, para que repose sobre mí el poder de Cristo..." Nueva Versión del Rey Jacobo (Nashville, TN.: Thomas Nelson, 1982).
5. Wayne Dyer. El poder de la intención: Aprenda a co-crear su mundo a su manera [The Power of Intention: Learning to Co-Create Your World Your Way] (Carlsbad, CA.: Hay House, 2005).
6. Proverbios 18:16.
7. *El Evangelio de Tomás* se recuperó en Egipto en 1945 como parte de una colección de trece códices, que contenían fragmentos de 52 textos cristianos y gnósticos primitivos, conocidos colectivamente como la Biblioteca de Nag Hammadi por la ciudad en la que se

encontraron, almacenados ocultos en frascos sellados. El autor de este evangelio es Didymus Judas Thomas, también conocido como "Tomás el Dudoso", que oyó estas palabras pronunciadas por Jesucristo en su presencia.
8. Walter Isaacson. Steve Jobs (New York: Simon & Schuster, 2011).
9. Oprah. Larry King Show, CNN.

# RECURSOS

## Programs

Cambiar la mentalidad monetaria (*Money Mentality Makeover - MMM*): Siete módulos. Veintidós videos extra. Diseñado para llevarte por los principios fundamentales de la manifestación del dinero hacia los conceptos de riqueza cuántica. Diseñado para ser el único curso sobre el dinero que necesitarás siempre. Incluye la serie de cinco videos de "Elevarte al desborde". Recibirás todo el contenido y todas las actualizaciones futuras, de por vida.

Paquete "Basta de luchar por el dinero" (*Drop the Money Struggle Bundle*): Un paquete de diez videos de formación básica sobre el dinero. Es ideal para eliminar el miedo al dinero del pasado, perdonar la historia pasada con él, identificar las creencias limitantes sobre él y establecer una relación de apoyo con el dinero. Los videos incluyen: "El arte de cambiar rápidamente", *"El dinero: Un juego para jugar", "El aumento gradual"*, entre otros. Tareas y afirmaciones incluidas.

Paquete "La energía y frecuencia del dinero" (*Energy and Frequency of Money Bundle*): Un paquete de formación de siete videos. Rápido y divertido. Son videos sobre la vibración de la abundancia, la receptividad relajada, la eliminación de deudas, la energía del aumento financiero continuo y el establecimiento de nuevas reglas y normas en torno al dinero. Tareas y afirmaciones incluidas.

*Elije el programa que más te motive para empezar cuanto antes.*

Ten en cuenta que ambos programas están incluidos en el MMM. Por esta razón, si te inscribes en alguno de estos paquetes, se te devolverá el dinero en un código de cupón para MMM en futuras inscripciones.

Campo de Entrenamiento Básico en Negocios (*Business Basics Bootcamp*): Serie de videos en cuatro partes, diseñada para darte la confianza, los conocimientos y los pasos iniciales para crear una empresa. Los videos incluyen *"Los pasos prácticos y energéticos para empezar un negocio", "Atraer clientes que sean tu alma gemela con facilidad", "Mostrarse en línea mientras tu destino asoma"* y *"La energía de manifestar el negocio de tus sueños"*

¿No encuentras lo que buscas? Puedes encontrar docenas de cursos de formación en línea, cursos y paquetes de video sobre temas tales como el empoderamiento financiero, negocios alineados espiritualmente, marketing en línea y más, en https://amandafrances.com.

## Recursos gratuitos

Recursos gratuitos sobre mentalidad monetaria: Contenido creado durante muchos años y recopilado para ayudarte a desarrollar e incorporar sistemas de creencias

(formas de pensar y de ser) que te ayuden en tu crecimiento financiero. Incluye dos meditaciones sobre el dinero, una celebración llamada "Manifiesta dinero ahora" con una duración de dos horas y una serie de vídeos de tres partes sobre "romper tus bloqueos" en torno al dinero. Al suscribirte a este contenido también recibirás un descuento especial en MMM válido para nuestro próximo período de inscripción:
https://amandafrances.com/money-wait-list.

Serie de meditaciones para jefas: Meditaciones creadas a lo largo de varios años y recopiladas en un solo lugar para ti. Incluye la Meditación para la mujer rica, la meditación Gana con tu propósito divino, la meditación Soy suficiente, la meditación Manifiesta tus deseos y la meditación Un llamado al dinero en efectivo, entre muchas otras: https://amandafrances.com/boss-lady-meditation.

Podcast: Y ella asciende de una puta vez con Amanda Frances: Este es un podcast para la mujer que desea los ingresos, el impacto, la intimidad y la influencia para los que nació. A través de consejos prácticos, soluciones espirituales y principios energéticos, Amanda ayuda a las mujeres a alcanzar sus sueños más extravagantes en los negocios, la vida y el amor. Imperdible para la mujer que ya no quiere contenerse, encogerse o achicarse. Disponible en iTunes, Spotify, Stitcher y muchos otras plataformas de podcasts.

## Redes sociales

Instagram: https://instagram.com/xoamandafrances
Facebook: https://facebook.com/xoamandafrances
Pinterest: https://pinterest.com/xoamandafrances
YouTube: https://youtube.com/amandafrancesxo
Twitter: https://twitter.com/xoamandafrances

JODIDAMENTE RICA

## SOBRE LA AUTORA

AMANDA FRANCES es líder mundial en capacitación financiera para mujeres. En el ámbito del desarrollo personal, es conocida globalmente como "la reina del dinero". A través de sus populares cursos digitales, su atractiva presencia en línea, el podcast semanal "Y ella asciende...", una mastermind para mujeres emprendedoras, y sus publicaciones, sus meditaciones y videos inspiradores diarios distribuidos a través de sus redes sociales, ayuda a las mujeres a diseñar las vidas y negocios que se obsesionaron por alcanzar. Ha escrito artículos para *Forbes*, *Business Insider* y *Success Magazine*. Su misión

## AMANDA FRANCES

es poner el poder del dinero en manos de mujeres de buen corazón que vinieron a cambiar el mundo.

Gracias a la combinación entre su formación en el ministerio, el asesoramiento de salud mental, sus consejos prácticos de negocios y un profundo conocimiento de los principios espirituales y energéticos, Amanda no es como cualquier otra "coach financiera" o "gurú de los negocios" que conozcas. Una verdadera artífice de su éxito; mientras cursaba sus estudios de posgrado, Amanda aprendió por sí misma a crear su primer sitio web.

Nueve años después, Amanda Frances Inc. es una marca global con ingresos de ocho cifras con usuarios en 99 países y clientes en 85 países. Atribuye su éxito a su absoluta determinación, su profundo deseo de servir a los demás y una fe inquebrantable en sus propios sueños.

Amanda siguió estudiando y obtuvo un máster en asesoramiento psicológico de la Universidad Metodista del Sur y una licenciatura en psicología de la Universidad Oral Roberts.

Es oriunda de Tulsa (Oklahoma), pero en julio de 2016 empacó todo y se largó a ver mundo antes de comprarse una casa en West Hollywood (California) a finales de 2019.